Lotte Bormuth

EIN BLUMENSTRAUSS VOLL LEBEN

Lotte Bormuth

Ein Blumenstrauß voll Leben

francke

Über die Autorin:

Lotte Bormuth ist eine der erfolgreichsten christlichen Autorinnen des deutschsprachigen Raumes. Fast eine Million Exemplare ihres mehr als 60 Titel umfassenden Werkes haben mit Lebensbildern, Berichten und selbst erlebten Begebenheiten unzähligen Menschen Trost, Mut und Freude am Glauben vermittelt. Sie hat 5 Kinder und 14 Enkelkinder und lebt mit ihrem Mann in Marburg.

Bibliografische Information Der Deutschen Bibliothek
Die Deutsche Bibliothek verzeichnet diese Publikation in der Deutschen Nationalbibliografie; detaillierte bibliografische Daten sind im Internet über http://dnb.ddb.de abrufbar.

ISBN 978-3-86827-072-3

35037 Marburg an der Lahn
Umschlaggestaltung: Verlag der Francke-Buchhandlung GmbH / Christian Heinritz
Satz: Verlag der Francke-Buchhandlung GmbH
Druck: CPI Moravia Books, Korneuburg

www.francke-buch.de

Inhaltsverzeichnis

Papa bezahlt alles

Ich komme mit dem Auto um die letzte Straßenbiegung und sehe schon von weitem, dass zu Hause irgendetwas nicht stimmt. Heulend sitzt unser Fünfjähriger am Fenster.

Mit einem Satz bin ich aus dem Wagen, renne die Treppe hinauf, immer zwei Stufen auf einmal.

„Johannes, was ist denn los? Warum weinst du? Sag, was ist denn passiert?“, versuche ich den kleinen Kerl zum Reden zu bringen. Aber vor lauter Schluchzen bekommt er kein Wort heraus.

„Bist du mit dem Rad gestürzt? Hast du irgendetwas angestellt? So rede doch! Ich muss wissen, was geschehen ist.“ Behutsam streiche ich dem Jungen übers Haar, wische ihm die Tränen vom Gesicht und versuche, ihn zu beruhigen.

„Mama, ich kann's nicht bezahlen. Niemals kann ich das bezahlen. Ich kann das wirklich nicht bezahlen!“, stößt er verzweifelt hervor.

Nach und nach erfahre ich, was sich ereignet hat. Johannes hat mit seinen Freunden versucht, von einer kleinen Anhöhe Hagebutten über die Straße zu werfen. Jeder hat sich dabei mächtig angestrengt und wollte mit dem weitesten Wurf Sieger werden. Im Eifer des Gefechts hatte Johannes in seiner Hosentasche aus Versehen mit den Beeren einen kleinen Stein erwischt. Und ausgerechnet in dem Augenblick, als er ihn warf, musste ein fabrikneuer weißer Opel Rekord vorbeifahren. Es machte hörbar „klick“, und das Unglück war geschehen. Der Stein hatte die vordere Wagentür getroffen.

Zornig stieg der Fahrer aus und untersuchte die Schadstelle: eine kleine Delle, und der Lack war ab. Er packte den Übeltäter am Kragen und schleppte ihn zu unserem Haus.

„Das musst du bezahlen, du Schlingel“, schimpfte er. „Das wird dich teuer zu stehen kommen, denn der Wagen ist ganz neu. Warte nur, deine Eltern werden dich übers Knie legen.“

Zu allem Unglück war ich nicht zu Hause. Ärgerlich schrieb sich der Fahrer unseren Namen, Telefon und Adresse auf. Das vor Angst zitternde Kind blieb allein zurück. Nur gut, dass ich bald darauf nach Hause kam.

Es war schwer, Johannes zu beruhigen. Immer wieder schluchzte er mit von Tränen erstickter Stimme: „Ich kann das nie bezahlen."

„Junge", behutsam nahm ich den Blondschopf in meine Arme und versuchte ihn zu trösten. „Du brauchst auch nichts zu bezahlen", versicherte ich ihm. „Dein Vater bezahlt alles."

Plötzlich verstummte das Weinen, und die Tränen versiegten. Der Satz schien Wunder gewirkt zu haben. Ein paar Seufzer erschütterten den kleinen Körper noch. Dann wurde das Kind ruhig. Den Kopf an meine Seite gelehnt, saß Johannes bei mir auf der Eckbank. Fest hielt ich ihn in meinen Armen.

Ich weiß nicht mehr, wie lange wir so still dagesessen haben. Es tut einer Mutter wohl, ein getröstetes Kind an sich zu drücken.

Aber es gab mir auch Zeit, über die Steine nachzudenken, die ich selbst in meinem Leben geworfen hatte. Es waren viele, große und kleine: der hässliche Blick auf eine Mitstudentin, die immer auf Anhieb die Textstelle übersetzen konnte, während ich mich abquälte und mir fast die Zähne daran ausbiss; – ein lautes, unschönes Wort zu einem Handwerker, dessen Rechnung mir zu hoch erschien; – ein vernichtender Gedanke über eine Nachbarin, die mit meinen Kindern schimpfte, dass sie beim Ballspielen zu viel Lärm machten; – eine ärgerliche Bemerkung zu meinem Mann, weil er wieder vor lauter Arbeit den Weg nicht nach Hause fand und mir das Essen auf dem Tisch kalt wurde.

Steine der Schuld und des Versagens. Wie viele Wunden hatte ich damit geschlagen, wie viele „Schadstellen“ verursacht? Nicht an fabrikneuen Autos, aber an Menschen, die mir zum Teil viel bedeuteten und die mich liebten.

Müsste ich nicht wie Johannes aufschreien: „Ich kann das nicht bezahlen! Ich kann das nie wieder gutmachen oder in Ordnung bringen!“

Aber das ist nur die eine Seite, sozusagen „mein Bild“. Es gibt, Gott sei Dank, noch ein anderes. Jesus Christus hat mit seinem Opfer für mich gesühnt. Ich darf frei ausgehen. Alle Wunden, die ich geschlagen, alles Unheil, das ich angerichtet habe, steht unter der Vergebung Gottes. Das Blut seines Sohnes wäscht mich rein von aller Sünde.

Das ist frohe Botschaft für niedergeschlagene, verzweifelte Leute. Begreifen kann ich diese Tatsache nicht, nur darüber staunen. Staunen und getröstet sein wie Johannes. Denn für uns beide gilt: „Der Vater bezahlt alles.“

Krach um eine alte Kommode

Es ist schon ein Wagnis, wenn Gott zwei völlig verschieden veranlagte Menschen, wie mein Mann und ich es sind, in einer so engen Gemeinschaft wie der Ehe zusammenstellt. Dass das Band der Liebe im Laufe der Jahre immer fester und inniger wurde, bleibt für mich ein Wunder und Grund zur Dankbarkeit gegenüber Gott, der sicher weiß, wen er füreinander bestimmt hat. Manches moderne Eheinstitut würde horrende Summen zahlen, wenn es hinter dieses Geheimnis käme.

Aber es gibt auch in einer glücklichen Ehe immer einmal Reibungspunkte und kleine Querelen, manchmal sogar einen handfesten Krach.

Wir sind in unser neues Haus eingezogen, und ich bin mit großem Eifer dabei, die Wohnung einzurichten. Endlich haben wir mit unseren fünf Kindern viel Raum. Ein herrliches Gefühl bemächtigt sich meiner, aus der Enge in die Weite zu ziehen. Alles ist neu, das Parkett glänzt, die Tapeten leuchten in strahlenden Farben, und in den bunten Fliesen kann man sich sogar spiegeln. Die

Kinder bekommen zum Teil neue Möbel, und für das Wohnzimmer wird eine wunderschöne Polstergarnitur angeschafft. Natürlich fällt bei einem solchen Umzug auch allerhand Abfall an. Ausgedientes Inventar wird weggeworfen, Boden und Keller werden entrümpelt und die unbrauchbaren Dinge im Auto fortgeschafft.

Aber immer wieder beobachte ich, dass mein Mann an Sachen Gefallen findet, die andere ausrangiert haben und aus denen er für unseren jüngsten Sohn Spielzeug bastelt. So finden sich im Gartenhaus alte Bretter, gebrauchte Kinderfahrräder, Fensterrahmen, eine Menge Schrauben, mehrere dicke Kataloge mit Teppichfliesen und dergleichen mehr. Ich bin nicht gerade erbaut von diesen Errungenschaften meines Mannes und runzle schon beim Anblick dieses „kostbaren Gutes" die Stirn. „Na, wie war die Ausbeute heute?", lautet oft meine ironische Frage.

Eines Tages kommt mein Mann schon früher als gewöhnlich nach Hause. Das freut mich, denn es kommt selten vor und ist für mich eine richtige Überraschung.

„Schon fertig mit der Arbeit?", begrüße ich ihn.

Erst jetzt entdecke ich, dass die hintere Autotür halb geöffnet ist und ein Möbelstück dreißig Zentimeter über den Rand hinausragt.

„Stell dir vor, ich habe eine alte Kommode mitgebracht, die ausrangiert wurde. Ich wollte sie mir nicht entgehen lassen. Sie ist noch aus massivem Holz und ganz stabil. Ich werde sie aufpolieren und in das Kinderzimmer stellen. Du glaubst gar nicht, wie viel Spielzeug darin Platz findet."

„Aber siehst du denn gar nicht", falle ich meinem Mann ins Wort, „wie schäbig das alte Ding ist? Die linke Tür fehlt ganz, rechts sind keine Griffe, und die scheußlichen Wasserflecken verdeckt keine noch so gute Politur. Schaff die Kommode wieder fort! Sie kommt mir nicht ins Haus."

Ärger steigt in mir hoch. Diesmal werde ich mich gegen meinen Mann durchsetzen, beschließe ich im Stillen. Ich kann mir doch nicht das herrliche Haus mit uraltem Kram vollstellen lassen!

Mein Mann versucht mich umzustimmen. Er ist so begeistert von diesem edlen Stück aus Omas Zeiten, dass er sich auf keinen Fall davon trennen will. Inzwischen hat er auch noch Verstärkung bekommen. Unser vierjähriger Junge freut sich über seinen Spielzeugschrank und steht ganz auf Papas Seite. Er packt sogar mit an beim Ausladen.

Über die Türschwelle kommt mir das schäbige Stück nicht. Das habe ich mir geschworen. Schließlich bin ich dafür verantwortlich, wie es in unserer Wohnung aussieht. So wird die Kommode zunächst im Garten abgestellt und wirkt wie verloren inmitten von blühenden Rosen und Begonien.

Beim Mittagessen geht es recht wortkarg zu. Der Appetit ist mir vergangen. Ich stochere nur in meinem Essen herum. Jedes Mal, wenn ich aus dem Fenster sehe, fällt mein Blick auf das verhängnisvolle Streitobjekt. Mein stiller Triumph, mich diesmal durchgesetzt zu haben, ist nicht von langer Dauer. Es herrscht eine mulmige Atmosphäre. Mein Ärger klingt nur langsam ab.

Aus diesem Grunde unternehme ich am Nachmittag einen Spaziergang, um mich abzureagieren. Jetzt habe ich mich einmal gegen meinen Mann durchgesetzt. Ich müsste doch zufrieden sein, denke ich. Aber mir ist elend zumute. Das Wetter trägt auch nicht gerade dazu bei, meine Stimmung aufzuhellen. Es fängt an zu tröpfeln, und ich muss umkehren.

Als ich zu Hause ankomme, traue ich meinen Augen nicht. Unser Untermieter müht sich, unterstützt von unserem Jüngsten, die Kommode die Treppe hochzutragen. Ich eile herbei und muss mit zupacken, weil ich Angst habe, das kleine Kind könnte zu Schaden kommen.

„Es fing zu regnen an", erklärte mir der Student. „Ihr Sohn hat mich gerufen, ich möchte doch die Kommode hereintragen, damit sie nicht nass wird. Mama mag nämlich keine Wasserflecken."

Da stand nun das alte, schon ausrangierte Stück im nagelneuen Haus, und ich musste selbst mit Hand anlegen, es hereinzutragen.

Ob der kleine Kerl wusste, was er damit bewirkt hatte? So kann Gott die Einfalt eines Kindes benutzen, um uns von unserem Starrsinn zu befreien und uns wieder zurückholen auf seine Spur. Das Kind hatte mich zur Besinnung gebracht, und mir war klar, dass ich mich für mein Verhalten bei meinem Mann entschuldigen musste.

Wie gut, dass ich es früh in unserer Ehe gelernt habe, die Sonne über unserem Zorn nicht untergehen zu lassen. Dieses neutestamentliche Wort ist eine echte Hilfe. Es stiftet Frieden, söhnt aus und schafft ein neues Vertrauensverhältnis.

Scholastikas Baby

Heute ist ein herrlicher Morgen. Die Sonne hat sich durch die Wolkenberge geschoben und taucht noch einmal die herbstlich verfärbten Blätter in ihr goldenes Licht. Wie wohltuend ist ihre Wärme nach einer Reihe von nasskalten, hässlichen Tagen.

Ich stehe in meiner Küche und freue mich an der schönen Natur. Die Arbeit geht mir zügig von der Hand, und ich fühle mich frei. Seit zwei Monaten ist unser jüngster Sohn eingeschult, und ich brauche zum ersten Mal in 22 Ehejahren keine Rücksicht auf kleine Kinder zu nehmen. Es bleibt mir völlig selbst überlassen, ob ich einkaufen gehe, im Garten grabe, einen Krankenbesuch mache oder den Keller entrümple. Wer jahrelang ans Haus gefesselt war, wird verstehen, dass ich meine neue Freiheit recht genieße.

Plötzlich klingelt das Telefon. Der Direktor des Sprachinstituts ist am Apparat.

„Frau Bormuth, vor mir sitzt eine Afrikanerin aus Tansania mit ihrem Kind. Ich weiß nicht, wo ich sie unterbringen soll. Das Semester an der Universität hat gerade begonnen, und weit und breit ist kein Zimmer mehr zu finden, zumal es sich um eine Mutter mit Säugling handelt. Könnten Sie uns nicht helfen?“ Ich überlege kurz und kann eine positive Antwort geben.

Aber der Herr am anderen Ende der Leitung scheint noch nicht zufrieden zu sein. Er druckst ein wenig herum und dann rückt er mit seiner zweiten Bitte heraus. „Wären Sie auch bereit, das Kind tagsüber zu betreuen? Wir stehen nämlich noch vor einer weiteren Schwierigkeit. Diese Studentin erhält ein Stipendium, um ihre Doktorarbeit in Pharmazie zu schreiben. Für das Kind aber bekommt sie keinen Pfennig. So ist es ihr nicht möglich, ihren Sohn in einen Kinderhort zu geben. Ihre finanziellen Mittel sind sehr begrenzt.“

Mit dieser Anfrage habe ich wirklich nicht gerechnet. Jetzt noch einmal ein Kind in Pflege nehmen, wo ich doch froh bin, im Augenblick mal ohne „Klotz am Bein“ schaffen und wirken zu können? Nein, für diese Aufgabe kann ich kein Ja finden. Ich merke am Tonfall, wie enttäuscht der Institutsleiter ist, als er mit dem Satz den Hörer wieder auflegt: „Schade, Frau Bormuth, ich hatte gehofft, Sie würden mir helfen können."

Ich wende mich wieder meiner Arbeit zu. Komisch, aber jetzt gleitet das Bügeleisen nicht mehr so flott über die Hemden. Das kleine, schwarze Baby beschäftigt meine Sinne. Zweifel steigen in mir auf. Hätte ich wirklich nein sagen sollen? Schließlich beruhige ich mich mit dem Gedanken: Wenn eine Mutter fünf Kinder geboren und großgezogen hat, ist sicher ihr Maß an Arbeit und Verantwortung in unserer heutigen Zeit erfüllt.

Gegen Mittag kommt unser Sohn von der Vorlesung zum Essen nach Hause. Ich erzähle ihm von dem Telefongespräch und von meinen Einwänden.

„Aber Mutter", entgegnet er mir ziemlich entrüstet, „dieses Kind hättest du doch wirklich aufnehmen können. Das wäre mal ein richtiges Opfer gewesen. Wenn wir als Christen uns nicht um die Not der anderen Menschen kümmern, wer soll ihnen dann helfen?"

Ich werde nachdenklich. Vielleicht hat der Junge doch recht. Wie heißt es in Galater 6, Vers 2: *„Einer trage des anderen Last, so werdet ihr das Gesetz Christi erfüllen."*

Dieses Wort ist mir schon einmal vor einer Reihe von Jahren eindrücklich gewesen. Wir saßen im Studentenbibelkreis zusammen und hatten genau diesen Text vor uns aufgeschlagen.

Im Gespräch sagte ein angehender Jurist: „Für mich bedeutet dieser Vers, Gott fordert mich auf, die Last des anderen zu meiner eigenen Last zu machen."

Mich hat damals dieser Satz sehr getroffen. Ich weiß es noch wie heute, wochenlang beschäftigte er mich und versetzte mich in Unruhe. Nun taucht dieses Gebot wieder vor mir auf, und beinahe hätte ich es mit Füßen getreten, nur weil ich auf meinen eigenen Vorteil bedacht war und mir meine neu gewonnene „Freiheit" von niemandem beschneiden lassen wollte. Wie kann ich nur so selbstsüchtig und bequem sein und Gottes Auftrag vergessen? Nur gut, dass mein Sohn sich nicht scheut, mich mit seinen mahnenden Worten wieder auf die rechte Spur zu bringen.

Seine Einwände verfehlen die Wirkung nicht. Sofort rufe ich meinen Mann in seiner Dienststelle an, bespreche mit ihm die Angelegenheit und gebe eine Viertelstunde später dem Direktor mein Ja. So schnell bin ich noch nie in meinem Leben zu einem Kind gekommen, dazu zu einem solch wonnigen, süßen, schwarzen, kleinen Schatz. Sieben Monate ist er alt. Von Freunden besorge ich mir abgelegte Babykleidung und einen Kinderwagen. Vom Boden hole ich unser Bettchen herunter. Jetzt, da die Entscheidung gefallen ist, macht es mir richtig Spaß, alle Vorbereitungen zu treffen, um den kleinen Erdenbürger „würdig“ zu empfangen. Sogar unser Daniel, gerade sechs Jahre alt, kramt in seinen Spielsachen und findet einen Hund, einige Bauklötzchen und einen bunten Ball. Baruti soll merken, dass wir uns alle auf ihn freuen. Dass der Hund nur noch ein Ohr hat und auch das rechte Auge fehlt, scheint ihn nicht sonderlich zu stören. Er liebt seinen „Struppi“ innig und ist bereit, ihn für das neue „Brüderchen“ zu opfern.

So kommt Scholastika mit ihrem Baby in unser Haus. Das kleine Kerlchen wird im Nu der Liebling der Familie. Sogar die Freunde unserer Kinder sind begeistert. Sie möchten ihn am liebsten mit ins Gymnasium nehmen und den Lehrern den prächtigen Bengel vorführen.

Aber ich will auch nicht verschweigen, dass es Stunden gibt, in denen ich meine, der neuen Aufgabe nicht mehr gewachsen zu sein. Afrikanerkinder sind es gewohnt – in ein buntes Tuch gebunden – ständig auf dem Rücken der Mutter herumgetragen zu werden. So brüllt der kleine Kerl jedes Mal aus Leibeskräften, wenn ich ihn vom Arm nehme und in sein Bettchen setze, denn irgendwann muss auch ich mal daran denken, das Essen zu kochen oder die Küche zu kehren. Er bringt es auch fertig, unseren bisherigen Lebensrhythmus völlig auf den Kopf zu stellen. An Mittagschlaf – ohne den ich meine, nie auskommen zu können –, ist überhaupt nicht mehr zu denken. Stattdessen fahre ich den Kinderwagen durch die Gegend. Dabei bleibt nicht aus, dass mich verächtliche Blicke treffen. Eine Dame bleibt sogar auf dem Bürgersteig stehen, schaut erst den Kleinen an, dann mich und meint mit aggressivem Unterton: „Ja, ja, man sieht es dem Kind an, dass es eine weiße Mutter hat, so ganz schwarz ist es doch nicht.“

Manchmal bin ich nach einem Tag mit Baruti so abgeschafft und müde, dass ich voller Sehnsucht nach der Uhr blicke, und es nicht abwarten kann, bis es endlich 19 Uhr ist. Denn dann kommt seine Mutter nach Hause. Vor allen Dingen geht mir sein lautes Geschrei auf die Nerven. Zu schnell habe ich vergessen, wie laut die eigenen Kinder gebrüllt haben. In solchen Situationen hilft mir das Wort Jesu: „Wer ein solches Kind aufnimmt in meinem Namen, der nimmt mich auf."

Und so sage ich öfters laut vor mich hin: „Herr, ich nehme dich jetzt in diesem Kinde auf." Diese Zusage Jesu gibt mir Kraft und neue Liebe und macht mich gelassen. Heute kann ich Gott danken für die Freude, die er mir mit diesem Kind gegeben hat. Wenn die großen dunklen Augen des Afrikanerbabys mich anschauen und es sich wohlig in meine Arme kuschelt, bin ich glücklich.

Unter diesem Blickpunkt wird die Last leicht. Sie verwandelt sich sogar in Wonne. Darüber hinaus macht mir Gott aber noch ein besonderes Geschenk. Er gibt mir die Möglichkeit, Scholastika mit dem Evangelium bekannt zu machen. Auf ihrem Nachttisch liegt ein Neues Testament in Englisch. Bereitwillig besucht sie mit unserer Familie die Gottesdienste unserer Gemeinde. Wir übersetzen ihr die Predigt und erläutern ihr im persönlichen Gespräch, dass Jesus Christus uns mit Gott versöhnt. So bete ich um Scholastikas Errettung. Ich traue es Gott zu, dass er diese intelligente junge Frau hineinführen kann in die Gemeinschaft mit ihm. Das wäre dann eine Zugabe Gottes, die nur in der Anbetung vor ihm ihren rechten Ausdruck fände.

Was ihr getan habt einem meiner geringsten Brüder …

Ich sitze in der Amtsstube des Gerichts und soll die Pflegschaft für einen geistig schwachen Menschen übernehmen. Plötzlich fragt mich der Rechtspfleger ganz unvermittelt: „Wie kommen Sie dazu, dass Sie zu Ihren mancherlei Verpflichtungen in einer großen Familie sich noch eine Last zusätzlich aufladen lassen?“

Ich kann dem Herrn mit seiner runden Nickelbrille keine rechte Antwort geben. Über diese Frage habe ich noch nicht nachgedacht. Mir ist nur eins wichtig: Der Mensch, der mir in den Weg geführt wird und meine Hilfe braucht, ist mein Nächster, und ihn darf ich nicht übersehen. Dazu mahnt mich schon mein Konfirmationsspruch: „Was ihr getan habt einem meiner geringsten Brüder, das habt ihr mir getan, spricht Christus.“

Zunächst hat mir dieser Vers überhaupt nicht gefallen, ich konnte nichts mit ihm anfangen. Wie gerne hätte ich mir zu meinem Festtag z. B. das Psalmwort gewünscht: „Habe deine Lust an dem Herrn, der wird dir geben, was dein Herz wünschet." Oder das andere Wort: „Befiehl dem Herrn deine Wege und hoffe auf ihn, er wird's wohlmachen." Oder „Freuet euch in dem Herrn allewege! Und abermals sage ich euch: Freuet euch!" Und doch hat mich dieser Spruch nicht mehr losgelassen. Ich nahm ihn als eine Mahnung, als ein Angebot Christi an und versuchte ihn zu leben.

Eine blinde Mitkonfirmandin war die erste, die mir in der Vielzahl der „geringsten Brüder" begegnete. Ich besuchte sie mindestens einmal in der Woche, las ihr Textstellen aus der Bibel vor, sang mit ihr christliche Lieder und holte sie in den Jugendkreis ab. Viele Jahre blieb ich mit ihr verbunden. Später kamen dann noch zwei blinde Mädchen dazu, und wir haben so manche Reise zu Konferenzen und Jugendtagungen unternommen. Bis heute bin ich mit ihnen verbunden, und es ist mir immer ein besonderes Geschenk, wenn wir telefonieren oder ich sie auf einer Freizeit treffe.

Als ich heiratete und wir im eigenen Haus wohnen konnten, kümmerte ich mich um ausländische Studenten, die in unserer Stadt das Goethe-Institut besuchten. Auch diese Aufgabe habe ich mir nicht selbst gewählt, sie wurde mir einfach vor die Füße gelegt, als wir an zwei Studenten aus Singapur Zimmer vermieteten und sie ihre Freunde zu uns einluden. Der Samstagabend gehörte den Ausländern. Ihre Zahl nahm zu und schließlich brauchten wir ein angrenzendes Zimmer, um die 25 jungen Leute unterbringen zu können. Nähmaschine und Bügelbrett dienten mit als Sitzgelegenheit. Manche nannten mich „Mami", obwohl ich nicht viel älter war als sie. Was sie brauchten, war ein nettes Zuhause, einen Menschen, der ihnen zuhörte, eine Atmosphäre, die vom Vertrauen zu Gott bestimmt war. Diese jungen Menschen kamen von allen Erdteilen und fühlten sich als Fremde. Sie litten, z. B. unter der Kälte, unter Heimweh, unter der völlig anderen Ernährung, unter einer andersgearteten Kultur und unter der schwierigen Sprache.

Wie dankbar waren meine Freunde, wenn ich ihnen beim Ausfüllen der vielen Formulare half. Wie viele Studienbewerbungen habe ich aufgesetzt, und im Abfassen von Lebensläufen wurde ich Expertin. Sie waren ja der deutschen Sprache noch nicht mächtig. Das war oft eine komplizierte Aufgabe. Bei zwei Studenten aus Somalia musste ich ein ungefähres Geburtsdatum wählen und danach die Zeitabläufe festlegen. Sie konnten mir beim besten Willen nicht sagen, an welchem Tag sie geboren wurden, da in dieser ländlichen, weit abgelegenen Gegend die Geburten nicht registriert wurden. Bei einem Nigerianer stellte ich fest, dass er nach seinen Angaben schon als Zweijähriger hätte eingeschult werden müssen. Wenn ich seine Ausbildungsjahre zusammenrechnete, gab er mir immer zur Antwort: „Ungefähr zwei Jahre, ungefähr fünf Jahre, ungefähr, ungefähr ...“ Ich machte große Anstrengungen und musste ein Rechenkünstler sein, um alle Daten folgerichtig aufzuführen.

Ein Problem war für die Studenten das Waschen ihrer Kleidung. In Arolsen gab es noch keine Waschsalons. Meine Maschine hat Großes geleistet. Während wir im Wohnzimmer die Bibel miteinander lasen, wusch sie Berge von Hemden, Strümpfen und Hosen. Nicht ein einziges Mal hat sie mir ihren Dienst aufgekündigt. Das waren noch Maschinen! Deutsche Wertarbeit!

Manchmal ereigneten sich auch kleine Missgeschicke. So explodierte einmal der Dampfkochtopf, als eine Spanierin, die bei uns zur Untermiete wohnte, die Suppe aufsetzte und zum Einkaufen ging. Als ich die Küche betrat, traute ich meinen Augen kaum. Von der Decke tropfte die Suppe, alles war verschmiert, der Fußboden glitschig und mit Reis übersät, das Fleisch lag unter dem Tisch und der Deckel hinter der Eckbank. Meine Gardinen zeigten sich in einem völlig neuen Muster. Ich konnte Gott nur danken, dass zu der Zeit niemand in der Küche war. Als ich die junge Dame herbeirief, begann ein lautes Gezeter: „O, Mama mia, große Katastrophe!“

Ein paar Tage später bemerkte unser Jüngster, gerade sechs Jahre alt, bei Tisch: „Papa, zieh den Sturzhelm an, Joakina kocht wieder!“

Am meisten aber hat mich unser schwarzer Freund aus Lagos beeindruckt. Er hat schrecklich gelitten, als er mitten in einem sehr kalten Winter bei uns einquartiert wurde. Minus 15 Grad zeigte das Thermometer an, und bei ihm zu Hause herrschten Temperaturen über 30 Grad. In seinen schwarzen Lederhalbschuhen war er mehrmals im Schnee ausgerutscht. Sein heller Sommermantel war mit hässlichen Flecken übersät. Er zitterte am ganzen Körper, als er vor unserer Haustür stand.

Da habe ich ihm erst mal ein warmes Bad gerichtet und heißen Tee gekocht. Am nächsten Tag gingen wir zusammen in ein Textilgeschäft und kauften lange Unterhosen, Handschuhe, Mantel, Wollstrümpfe und Lammfellstiefel. Die eisige Kälte hatte unserem Afrikaner sehr zugesetzt. Er meinte, er müsse in Deutschland sterben. Ein Glück, dass er sein Zimmer gut heizen konnte. Tag und Nacht brannte das Feuer in seinem Ofen. Omoregi, so hieß er, wurde uns zu einem Bruder in Christo. Er nahm seinen Glauben an Jesus sehr ernst und las gerne in seiner Bibel. Wenn mein Mann Gottesdienste hielt, dann fuhr er mit über Land und gab Zeugnis von seinem großen Gott. Er hatte zu Hause eine fromme Mutter, die ihn mit den Worten verabschiedet hatte: „Mein Sohn, du sollst wissen, dass ich Tag und Nacht die Hände falten und zu Gott rufen werde, damit er dich in ein christliches Haus führt. Du bist mein Erstgeborener. Ich bete, dass sich deine Liebe zu Jesus mehre und du ein mutiger Bekenner deines Gottes wirst."

Omoregi blieb sechs Monate bei uns. Nach seinem Sprachstudium wollte er in Mainz Medizin studieren. Eines Mittags kam er vom Goethe-Institut nach Hause, und ich sah schon von weitem, dass irgendetwas nicht stimmte.

„Was ist mit Ihnen los?“, fragte ich erschrocken. Tränen kullerten ihm nur so über die Wangen. Wortlos verließ er meine Küche und ging in sein Dachstübchen.

Nach einer Weile hielt ich es in meinen vier Wänden nicht mehr aus. Ich musste sehen, was mit unserem Freund los war. Da sich auf mein Klopfen nichts regte, öffnete ich leise die Tür. Omoregi lag auf dem Boden, vor sich die aufgeschlagene Bibel, und betete.

Leise zog ich mich wieder zurück. Hier war ein Stück Heiligtum Gottes. Wenn ein Jünger mit seinem Herrn redet, ist jedes menschliche Wort fehl am Platz.

Nach ungefähr einer Stunde erschien der Afrikaner zum Abendbrot. In seinen Augen spiegelte sich ein göttlicher Glanz, obwohl noch ab und zu eine Träne die Wange herunterkullerte.

„Was beschwert Sie?“, fragte ich behutsam und reichte ihm die Reisschüssel.

„Mami“, kam es stockend über seine Lippen, und ich musste jedes Mal schmunzeln, wenn ich dieses „Mami“ hörte, denn uns trennten nur ein paar Jahre voneinander. „Mami, der Direktor hat mir gesagt, ich müsse mit meinem Sprachstudium aufhören, wenn nicht sofort alle Gebühren bezahlt werden. 1000 DM fehlen noch. Wenn ich aber meine Deutschprüfung nicht schaffe, kann ich nicht zum Studium zugelassen werden. Außerdem haben mir alle Krankenhäuser, bei denen ich mich um eine Praktikumstelle beworben habe, abgesagt. Ob dies wohl mit meiner Hautfarbe zusammenhängt? Ich möchte doch so gerne Arzt werden. Mein Vater hat schon vor einem Monat das Geld abgeschickt, ich weiß nicht, warum es noch nicht eingetroffen ist.“

„Omoregi, nun beruhigen Sie sich erst mal, wir werden Ihnen weiterhelfen. Morgen früh gehen wir gemeinsam zum Chefarzt des Krankenhauses. Wir sind mit ihm befreundet. Er wird es sicher möglich machen, dass Sie auf seiner Station Ihr Praktikum absolvieren können. Und was das Geld anbelangt, werden wir es Ihnen vorschießen. Wir wissen, dass wir Ihnen vertrauen können.“

Dankbar schaute mich unser Gast an. Sechs Wochen später erhielt ich einen Brief aus Lagos:

„Liebe Frau Bormuth,
ich bin so glücklich, dass Gott mein Gebet erhört hat und Omoregi in Ihrer Familie untergebracht wurde. Er ist mein erstgeborener Sohn. Täglich knie ich vor Gott und bete, dass Omoregi im Glauben wachsen möge. Ich möchte, dass unsere ganze Familie in den Himmel kommt und Omoregi nicht fehlt. Sein Bild habe ich immer vor Augen, und meine Liebe ist bei ihm. Ich danke Ihnen, dass Omoregi wie Ihr eigenes Kind bei Ihnen in der Familie leben darf und Sie ihm auch beim Lernen der Sprache helfen. Vielen Dank auch für die Stelle als Praktikant im Krankenhaus und für das Geld. Gott segne Sie!
Ihre Josephine Nosa.“

Viel zu schnell verging das halbe Jahr, und unser schwarzer Bruder musste uns wieder verlassen. Das Herz wollte ihm schwer werden. Ob er wohl ein Zimmer in Mainz finden werde? Diese Frage bedrängte ihn. Ich schrieb einen Brief an eine christliche Gemeinde und bat um Hilfe bei der Zimmersuche. Binnen 14 Tagen hatte sich eine Familie gefunden, die unseren Studenten unter ihr Dach aufnahm.

„Mami, fahren Sie mit mir nach Mainz?“, schaute er mich mit großen Augen an.

„O, das geht nicht. Sie wissen, wir erwarten unser drittes Kind.“

„Mami, Sie brauchen nicht Ihren Koffer tragen, Sie fahren nur mit. Ich halte Sie an Ihrem Arm.“

„Omoregi, ich kann wirklich nicht nach Mainz fahren, jeden Tag kann das Baby geboren werden.“

„Mami, ich bin so traurig. Ich helfe Ihnen, wenn das Baby kommt. Ich arbeite im Krankenhaus und werde Arzt.“

„Ja, ich verstehe Sie, aber Sie schaffen das schon. Sie werden andere Christen kennenlernen, sie werden mit Ihnen beten und Sie in ihre Gottesdienste einladen. Gott wird auch in Mainz mit Ihnen sein!“

Als der Tag der Abreise kam, geriet Omoregi in große Traurigkeit. Fest drückte er mir beim Abschied die Hand, dass es fast schmerzte. Er wollte Danke sagen, brachte aber kein Wort über die Lippen. Vom Fenster aus winkte ich ihm noch lange nach. Er lief zehn Schritte, blieb stehen, winkte zurück, ging wieder ein paar Meter, stellte seinen Koffer ab und grüßte mit beiden Armen. Mich hat dieser Abschied so bewegt, dass mir die Tränen kamen. An der Ecke hätte er nach links abbiegen müssen, er aber nahm seinen Weg nach rechts geradewegs in den Kindergarten.

Als ich gegen 12 Uhr unsere beiden Ältesten abholen wollte, erzählte mir die Kindergärtnerin: „Heute hatten wir einen besonderen Gast zu Besuch. Ihr schwarzer Student war hier und wollte sich von Ihren Kindern verabschieden. ‚Das ist meine Schwester und das ist mein Bruder', deutete er auf Anne-Ruth und Gottfried. Aus seiner Tasche holte er eine prall gefüllte Tüte mit Süßigkeiten und verteilte sie an alle Kinder in der Gruppe. Dieser Afrikaner ist aber ein sehr lieber Mensch. So etwas Herzliches gibt es nur einmal in dieser Welt."

Nun sind schon eine Reihe Jahre darüber vergangen, aber vergessen habe ich unseren Omoregi nicht. Wie gerne würde ich ihm wieder begegnen. Die Gemeinschaft mit ihm hat mich reich gemacht. Heute ist er sicher Arzt in Nigeria und nimmt sich der Kranken an. Sein Herz war schon immer mit Liebe für die Menschen erfüllt.

Ab und zu gab es auch leidvolle Erfahrungen. So wohnte einmal ein sehr fanatischer Student unter unserem Dach. Er war von Hass gegen alle Weißen umgetrieben. Seine Wut ließ er an unserem Jüngsten aus. Er konnte sich ja noch nicht wehren. So beobachtete ich, wie er Daniel schreckliche Angst einflößte. Er imitierte das Geheul eines Löwen lautstark. Der kleine Kerl zitterte vor Angst am ganzen Körper, und ich hatte Mühe, bis sich das Kind wieder beruhigte. Ich war doch sehr erleichtert, als das Semester zu Ende ging und der junge Mann in ein Studentenwohnheim überwechselte.

Ein junger Mann, den wir nach einem Drogenentzug bei uns aufgenommen hatten, verlebte nach seiner eigenen Aussage die schönsten Jahre seines Lebens in unserer Familie. Später lernte er eine Frau kennen und heiratete. Als er dann von uns wegzog, packte er ein, was er irgendwie in Geld umsetzen konnte. Es fehlten uns Schallplatten, Bücher, Luftmatratzen und dergleichen Dinge mehr. Aus meinem Keller waren sämtliche Vorräte verschwunden. Hätte ich gewusst, dass er stiehlt wie ein Rabe, ich hätte ihm nicht noch Topf und Pfanne und die Lebensmittel für die ersten acht Tage in seine Kisten eingepackt.

Aber solche negativen Erfahrungen geben mir die Chance zu verzeihen, und darin will ich mich üben.

Mit Anja hatte ich ein Malheur. Wir mussten sie wegen Eigenbedarfs in ein kleineres Zimmer umquartieren. Darüber war sie sehr beleidigt, obwohl es ein schön eingerichtetes, sonniges Zimmer war, nur eben etwas kleiner. Außerdem hatte ich ihr schon beim Einzug gesagt, dass wir später ihr Zimmer selbst brauchen würden. Sie machte ihrem Ärger Luft, indem sie Hässlichkeiten und Verleumdungen über uns ausstreute. Als ich davon erfuhr, war ich wütend. Aber es waren inzwischen Wochen vergangen, und sie war nach Bonn zum Studium übergewechselt. Sollte ich sie anrufen und sie zur Rede stellen? So schnell bekam ich diese herbe Enttäuschung nicht unter meine Füße. Warum hat Anja nicht mit mir über die Sache gesprochen? Ich wurde bitter gegen sie und sagte im Stillen: Da nimmt man nun junge Leute im Hause auf, schränkt sich selbst ein, opfert sich für sie auf – denn Anja war psychisch angeschlagen, und ich habe manche Stunde mit ihr im Gespräch verbracht, um sie aufzumuntern – und dann widerfährt einem so etwas? Ich wurde erst von dem Groll und dem Ärger befreit, als ich Hebräer 13,6 las: „Der Herr ist mein Helfer, ich will mich nicht fürchten. Was sollen mir Menschen tun?“ Im Namen Christi segnete ich diese Studentin, und in meinem Herzen zog Frieden ein. Jesus ist mein Anwalt, ich brauche mich nicht selbst zu verteidigen, dessen wurde ich gewiss. Er vertritt meine Sache aufs beste, und ich muss um meinen Ruf nicht besorgt sein. Wir müssen in dieser Welt durch böse und gute Gerüchte gehen, so steht es im Neuen Testament, und deshalb sollte uns eine üble Nachrede nicht aus dem Gleichgewicht bringen.

Etwa ein halbes Jahr später klingelte es um die Mittagszeit bei uns. Anja stand vor der Haustür. Ich führte sie ins Wohnzimmer. Stammelnd bat sie mich um Verzeihung für alles, was sie mir angetan hatte. Sie habe in dieser Zeit, als sie bei uns lebte, in manchen Konflikten gestanden und habe wohl deshalb so überreagiert. Sie sei in Bonn in einem

Studentenbibelkreis Christ geworden, und ihr Gewissen käme über dieser bösen Verleumdung nicht zur Ruhe. Ich möchte ihr doch vergeben, damit diese Sache wieder in Ordnung käme und sie Frieden habe.

Wie gut, dass ich sie in den Arm nehmen und ihr sagen konnte: „Ich habe Ihnen schon lange verziehen, es ist jetzt alles wieder gut!"

Dieser Tag wurde für mich zu einem wunderschönen, unvergesslichen Erlebnis. Versöhnung ist immer ein großes Geschenk, ein Wunder.

Aber noch einmal will ich auf meinen Konfirmationsspruch zurückkommen. Ich möchte mir seine Mahnung tief einprägen, für den Bedürftigen da zu sein. Das wird mir umso leichter, wenn mir Menschen vor Augen stehen, die mir in leidvollen Situationen zur Seite standen.

Ein Ausspruch Hiobs kam mir dabei in den Sinn. Er hat ja Schreckliches durchzustehen gehabt. Er hatte sein Hab und Gut verloren, alle seine Kinder waren bei einem Hauseinsturz ums Leben gekommen. Er selbst litt unter der entsetzlichen Krankheit Aussatz. Über und über war er mit hässlichen, juckenden, schmerzenden Wunder übersät. So saß er auf einem Aschenhaufen und rieb sich mit einer Scherbe seine entzündete Haut. Hiob schrie im aufbäumenden Schmerz und tiefer Verzweiflung: „O hätte ich einen Menschen, der mich anhörte!"

Der Himmel hellt sich für uns auf, wenn wir diesen einen Menschen finden.

Ich weiß um solche verzweifelten Tage, wo mir dieses Geschenk eines Menschen zuteilwurde und ich lernte, befreit durchzuatmen. Es war 1945, kurz nach dem Krieg. Ich irrte mit meiner Familie auf fremden Straßen hin und her, und wir wussten nicht, wo wir eine Bleibe hätten finden können. Wir litten unter Kälte, unter Hunger, unter Heimatlosigkeit, unter Armut. Es war ein Hundeleben. Da nahmen uns Christen unter ihr Dach auf. Sie gaben mir nicht nur ein Bett zum Schlafen, Brot gegen den Hunger, sondern luden mich auch in ihre Gottesdienste mit ein. Sie bezeugten mir Christus als ihren Erretter und Erlöser. Ich hörte Jesu Ruf und begab mich in seine Jüngerschaft. In Jesus habe ich nun einen Herrn, der allezeit hörbereit ist. Christus ist einzigartig in seiner Liebe. Nie mehr bin ich allein, denn ihm kann ich alles sagen. Seitdem ich so viel Freude mit meinem Herrn erfahren habe, ist es mir ein Anliegen, andere Menschen in dieses Glück mit hineinzunehmen. Er leiht sein Ohr dem Verzweifelten, und sein Herz schlägt für die Armen. Diese Gewissheit verleiht Kraft und Ausdauer, dem Wort aus Matthäus 25,40 gehorsam zu sein. In meinem „geringen Bruder“ begegnet mir Christus selbst.

Es war Nacht in Bethlehem

„Es war Nacht in Bethlehem“, diese Melodie will mir nicht aus dem Sinn gehen. Wo ich auch bin, ich summe dieses Lied vor mich hin, ob ich nun mein Sauerkraut koche, mir die Haare föhne oder mich mit meinen Enkelkindern auf dem Spielplatz tummele. Es klingt in meinem Innersten: „Es war Nacht in Bethlehem.“

Bei einer Weihnachtsfeier hat ein Chor diesen Satz gesungen, und dabei hat sich mir die Botschaft tief eingeprägt. Wie wahr ist doch diese Aussage! Auch heute ist es im Leben vieler Menschen Nacht. Das wird mir besonders in meinem Dienst in der Telefonseelsorge bewusst. Was sich da an Tragik, Leid, Verzweiflung, Schuld und Verwirrung abspielt, will mich oft niederdrücken. Da ist die Sucht, die die Menschen ruiniert, der Ehebruch, der Familien auseinanderreißt und alle Träume von Glück und Liebe mit einem Schlag zerstört, da sind Erbauseinandersetzungen, die Eltern und Kinder über Jahre in Zwietracht und Streit versetzen, da sind schwere psychische Erkrankungen, die Ängste, Wahnvorstellungen und Depressionen hervorrufen. So könnte ich die Reihe noch weiter fortsetzen. „Es war Nacht in Bethlehem." Aber das Lied wäre nicht Zeuge des Weihnachtsevangeliums, fände es nicht seine Fortsetzung in unserer Zeit. Und darüber möchte ich berichten.

Es ist Silvester 1990, ein unruhiger, bedrängender Abend. Ich sitze im Büro der Telefonseelsorge. Kaum habe ich den Hörer aufgelegt, meldet sich schon wieder ein Anrufer. Diesmal ist ein stotternder junger Mann am Telefon. Ich habe Mühe, ihn zu verstehen. Abgehackt und leise zeichnet er in Satzfetzen ein Bild seiner Verzweiflung. Seine Ehe ist nach kaum drei Jahren zerbrochen. Schon seit Wochen ist seine Annette (Name wurde geändert) unter das Dach seines Freundes geschlüpft. Vor ein paar Tagen war sie noch einmal in die Wohnung gekommen, um sich einige Sachen abzuholen. Dabei gab es einen fürchterlichen Krach. Fast wäre es zu einer tätlichen Auseinandersetzung zwischen ihnen gekommen. Aber ihre Drohung fuhr ihm in die Glieder: „Wart nur, das nächste Mal komme ich mit der Polizei!" Und heute Nachmittag hat sie es wahrgemacht. Mit einer einstweiligen Verfügung war sie mit der Schutzpolizei angerückt und hatte erreicht, dass er das Auto herausfahren und es ihr übergeben musste. Bevor Annette mit dem schnellen BMW davonbrauste, rief sie ihm noch wutentbrannt zu: „Dass du's weißt, die Wohnung gehört mir auch. Sieh zu, dass du mit deinem Gelump verschwindest!"

Nun saß der verlassene Ehemann niedergedrückt vor einem Haufen Scherben: Keine Frau im Haus, kein Auto in der Garage, und als Nächstes will sie ihm noch das Dach, unter dem er haust, streitig machen. Das, was ihn aber am meisten quält, ist seine Schuld. Warum nur hat er so viele Abende mit seinen Skatbrüdern in der Kneipe verbracht? Warum hat er nach einem Streit mit seinem Meister das Handtuch geworfen und hat auf eigene Faust gekündigt? Seit drei Monaten war er nun arbeitslos, und es bestand in dieser Region wenig Aussicht auf eine neue Stelle. Warum hat er nur sein ganzes Geld ins Motorrad investiert, anstatt etwas zum Lebensunterhalt beizutragen? Wie oft hatte es gerade deswegen Streit zwischen ihnen gegeben. Dann aber wurde es still zwischen beiden.

Der Zank in der Ehe war einem trotzigen Schweigen gewichen.

Er hatte Annette vernachlässigt. Er hätte ein so zartes Pflänzchen wie die junge Ehe hegen und pflegen müssen, stattdessen hat er sein Motorrad auseinandergenommen und wieder zusammengesetzt, es gewienert und poliert. Ja, es war seine Schuld, dass von dem erträumten Glück nichts mehr übriggeblieben war. Der Haussegen hing schief, und der Friede war in alle vier Himmelsrichtungen zerstoben.

Dieser Zerbruch auf der ganzen Linie trieb ihn fast in den Wahnsinn. Wie ein verwundetes Tier schrie er seine Not in den Hörer: „Was soll noch das Leben? Jetzt ist mir auch noch der BMW unterm Hintern weggezogen worden, ich habe nichts, gar nichts; keine Frau, keine Arbeit, kein Auto, nichts! Annette liegt mit einem Fremden im Bett. Wie soll ein Mensch das aushalten können? Ich bin ausgelaugt, leer, wie eine ausgepresste Zitrone, leer. Man könnte mich in einen Abfalleimer werfen, ich bin zu nichts mehr nütze. Aber bevor das mit mir geschieht, trete ich selbst von der Bühne dieser Welt ab. Ich habe mir in verschiedenen Apotheken

Schmerzmittel und Schlaftabletten gekauft. Außerdem habe ich im Medikamentenschrank noch Pillen und Dragees gefunden. Mit Schnaps und Bier habe ich mir das giftige Zeug hinuntergespült. Ich will meine Ruhe haben, nur noch Ruhe!", stöhnte er laut auf.

Aber anstatt Ruhe zu gewinnen, plagten ihn Angst, Ratlosigkeit, Bedrückung. Nun suchte er nach einem Menschen, der ihm in seiner Qual beistand, einen Ansprechpartner, dem er seine Enttäuschung und innere Zerrissenheit offenbaren konnte. So wählte er die Nummer 0800 1110111 der Telefonseelsorge, die bundesweit bekannt ist.

„Sie rufen aber nicht aus Marburg an?", fragte ich ihn.

„Wo denken Sie hin? Da könnten Sie mich schnell ermitteln. Ich rufe aus Butzbach an. (Der Name der Stadt wurde geändert.) Ich will nur, dass Sie mich anhören. Sie sollen bei mir sein, wenn es mit mir zu Ende geht. Ich habe schon immer das Alleinsein gehasst, und jetzt brauche ich eine Art Kumpel, der mich auf meinem letzten Weg begleitet."

„Junger Mann, ich will Sie nicht in den Tod begleiten, ich will Sie zum Leben rufen."

„Das ist jetzt zu spät, leben will ich nicht

mehr, es hat alles keinen Zweck. Sterben will ich, nur noch sterben, ich bin doch nur ein Versager, ein elender, mieser Versager!"

„Nein, das dürfen Sie nicht. Sie dürfen nicht Hand an sich legen!"

„Aber das habe ich längst getan. Meine letzte Nacht ist schon angebrochen. Wird mein Dasein noch eine Dreiviertelstunde oder zwei Stunden oder vielleicht auch drei Stunden dauern?"

„Bitte sagen Sie mir Ihren Namen, Ihre Adresse. Ich lasse Sie herausholen aus Ihren vier Wänden. Ihren Namen, bitte! Noch ist Hoffnung für Sie!"

„Was, meinen Namen wollen Sie wissen? Habe ich mich denn nicht klar genug ausgedrückt? Ich will nicht mehr leben, ich habe Tabletten geschluckt. Ich bin ein Selbstmörder, haben Sie mich jetzt verstanden?"

„Bitte, Ihren Namen, ich kann Sie doch nicht in den Tod gehen lassen. Sie sind noch so jung! Sie könnten mein Sohn sein. Die Zukunft liegt noch vor Ihnen. Auch wenn Sie sich wie von einer dunklen Wolke erdrückt fühlen, die Wolke wird weiterziehen, und dann wird es wieder hell."

Ich verlege mich nun aufs Du und suche

sein Vertrauen. „Junge, du bist vielleicht 25, 28 oder 30 Jahre, du hast noch alle Türen offen in dieser Welt.“

„Ja, Sie haben richtig getippt. Am 17. Januar werde ich 30.“

Nun lege ich viel Wärme und Herzlichkeit in meine Stimme. „Junge, wie soll ich dich eigentlich nennen? Soll ich Fritz, Adam oder Georg zu dir sagen?“

„Nennen Sie mich bloß nicht Adam! Sagen Sie Peter zu mir, einfach Peter.“

Stück für Stück entlocke ich ihm sein Geheimnis.

„Peter“, setze ich von neuem an. „Du bist ein wertvoller Mensch!“

„Ach, dass ich nicht lache!“, höhnt er. „Ich soll wertvoll sein? Das hat mir noch nie jemand gesagt. Ein Schlappschwanz bin ich, ein gescheiterter, kaputter Typ, ein Versager. Ich lasse mir meine Frau von so einem Dreckskerl ausspannen, und Sie sagen, ich sei wertvoll?“

„Ja, Peter, du bist wertvoll in Gottes Augen, sehr wertvoll sogar. Wunderbar hat er dich geschaffen. Du kommst aus seiner guten Hand. Gott steht zu dir! Seine große Liebe hat er dir und mir gezeigt. Denk nur an

Weihnachten. Da wurde Gottes Sohn für uns geboren. Jesus will auch dein Heiland sein. Er liebt dich und leidet mit dir. Hab doch Vertrauen zu Jesus! Er will dein Leben retten und ihm einen neuen Sinn geben. Peter, sag mir, wo ich dich finden kann. Es gibt noch eine Chance für dich!"

Plötzlich wird es still zwischen uns, so, als müsse der Lebensmüde diesen Worten „Chance" und „wertvoll" nachsinnen.

„Peter, sag mir jetzt bitte deine Adresse. Wir haben schon genug Zeit verloren. Bitte, wo wohnst du?"

Stammelnd und sehr leise kommt es über seine Lippen: „Mozartweg 27."

Nun ist es nur noch eine Routinesache. Über den Notruf 110 auf dem zweiten Apparat setze ich mich mit der Polizei in Verbindung. Peter halte ich aber weiter am anderen Ende der Leitung fest. Der junge Mann ist aufgewühlt und hin- und hergerissen. Ich versuche, beruhigend auf ihn einzuwirken, denn er will sowohl leben als auch sterben. Ein heftiger Kampf spielt sich in seinem Innersten ab. So reden wir weiter miteinander.

Sieben Minuten später vernehme ich heftiges Läuten über den Hörer. Peter zögert.

„Peter, mach auf!"

Die Polizei trommelt nun mit Fäusten gegen die Tür. Das höre ich deutlich.

„Peter, geh jetzt. Schließ auf, eh die Tür aufgebrochen wird, bitte!"

Der letzte Widerstand wird aufgegeben. Der Polizist spricht noch kurz mit mir und legt dann den Hörer auf. Der junge Mann wird in die Klinik gebracht. Er ist gerettet.

Jetzt, da ich befreit durchatmen könnte, zittere ich am ganzen Körper. Diese Nacht hat mich viel Kraft gekostet.

Das Lied aber tönt weiter in mir. Mich tröstet vor allen Dingen der zweite Teil:

„Es war Nacht in Bethlehem.
Doch plötzlich wurde es hell,
hell wie am Tag.
Ein Bote Gottes erschien.
Er sagte: Fürchtet Euch nicht!
Habt keine Angst!
Ich bringe Euch große Freude.
Christus ist gekommen.
Der Retter ist nun da!
Halleluja!"

Duett mit einem Bruder der Landstraße

„Steigen Sie ein, junge Frau, ich werde Ihnen Ihren Koffer schon hochwuchten! Huch, ist der aber schwer! Schmuggeln Sie etwa Goldbarren? Aber ein Mann ist ein Mann, ich schaffe das schon. So, gute Frau, soll ich Ihnen Ihr Gepäck noch verstauen helfen?“

„Ach, stellen Sie es nur ab. In Singen muss ich sowieso wieder umsteigen, um mit dem Interregio weiter nach Marburg zu fahren. Haben Sie herzlichen Dank für Ihre Hilfsbereitschaft.“ Und mit diesen Worten hoffte ich, mich meines etwas sonderbaren Helfers entledigen zu können. Er sah mir nicht gerade vertrauenerweckend aus. Ja, ich fürchtete mich sogar ein wenig vor ihm und hielt meine Handtasche fest unter meinen Arm geklemmt. An seinem Hut hatte er mehrere Fellstückchen befestigt. Seine weinrote Jacke zeigte an markanten Stellen eine hässliche graue Färbung, und seine Hose hätte von selbst den Weg ins Wasser gefunden, so sehr sehnte sie sich nach einem reinigenden Bad.

Aber so schnell wurde ich den Obdachlosen nicht los. Er machte keine Anstalten, das Zugabteil wieder zu verlassen. Seinen blauroten Rucksack, auf den eine grüne Isomatte gebunden war, stellte er auf den braunen Polstern ab und ließ sich in die weichen Sitze fallen. Mein Reisebegleiter zeigte sich recht gesprächig und erzählte mir sogleich von seinen abenteuerlichen Touren durch ganz Deutschland und die angrenzenden Länder.

„Der Himmel ist mein Dach, und der Schnee meine Lagerstatt im Winter. Im Sommer kuschle ich mich ins weiche Gras. Der Schlafsack ist die beste Erfindung, die je ein Mensch gemacht hat. Keine Kälte, ja nicht einmal ein strenger Frost kann mir darin etwas anhaben. In einem Zimmer könnte ich gar nicht mehr schlafen. Luft brauche ich, klare, frische Luft. Wenn der Himmel mit der Vielzahl seiner Sterne über mir glitzert und funkelt und der Mond seine Bahnen am Firmament zieht, dann bin ich glücklich, zutiefst glücklich. Nach einer solch herrlichen Nacht packe ich am Morgen wieder meinen Rucksack und ziehe von Ort zu Ort. Eine innere Unruhe treibt mich, und ich werde wohl nie mehr eine feste Bleibe finden. So ist nun mal mein Leben. Länger als zwei, drei

Tage halte ich es an keiner Stelle aus. ‚Das Wandern ist des Müllers Lust', dieser Vers trifft auch auf mich zu. Das Fernweh packt mich, und dann muss ich laufen, laufen, soweit mich meine Füße tragen.

Sie werden mich nicht verstehen, gute Frau, kein Mensch kann mich verstehen. Meine Seele ist ruhelos, unstet und flüchtig."

„Gibt es denn ein Ereignis, das Sie zum Bruder der Landstraße werden ließ?", fragte ich behutsam. „Oder waren Sie zeit Ihres Lebens ein solch unbehauster Mensch?"

„Das kann ich Ihnen ganz genau sagen. Es gab eine Enttäuschung in meinem Dasein, und die hat mich aus der Bahn geworfen. Ich wurde schwer krank. Eine Niere musste entfernt werden. Danach bekam ich noch einen Herzinfarkt. Diese harten Schicksalsschläge haben mich in tiefe Verzweiflung gestürzt. Ich war ja noch so jung und doch schon schwer angeschlagen. Da habe ich im Alkohol Trost gesucht und zu spät gemerkt, wie ich in seine Fänge geriet. Die Trinkerei hat mich kaputt gemacht. Ich verlor meinen Arbeitsplatz. Das Geld wurde knapp. Schmalhans war nun Küchenmeister in meiner noch jungen Ehe. Ich machte Schulden, um meiner Frau ab und zu eine Freude zu bereiten. Ilona hatte sich ein schöneres Dasein erträumt. Meine Frau versuchte zu retten, was zu retten war, und arbeitete unheimlich hart, um den Schuldenberg abzutragen. Aber die Sauferei hat mich ruiniert. Die Schulden nahmen nicht ab, sondern immer noch zu.

Eines Tages wurde es meiner Frau zu viel, sie packte ihre Sachen und zog aus der Wohnung aus. Ich begriff nicht gleich, was ich da angerichtet hatte, und war wie versteinert. Nun saß ich da in meinem Elend, war allein, ganz allein. Mir war zumute, als fiele mir die Decke auf den Kopf. Schließlich hielt ich es nicht mehr länger in meinen vier Wänden aus, denn meine Frau war mir das Liebste gewesen. Sie gab mir Halt. Und nun war sie fort, heimlich fort und machte auch keine Anstalten, zu mir zurückzukommen. Dieser erbärmliche Zustand, ich kann es nicht anders bezeichnen, hat mich umgehauen. Ich habe gejammert und geheult wie ein kleines Kind. Dann habe ich mir den Rucksack vom Speicher geholt, ein paar Klamotten zusammengepackt und habe mich auf eine Reise begeben, die wohl kein Ende nehmen wird. Sehen Sie, gute Frau, das ist mein Leben. Jetzt werden Sie mich verachten und denken: Was ist das für ein Lump! Recht haben Sie. Ich bin auch ein Lump, ein Taugenichts, ein Versager. Alles, was ich hatte, habe ich zerstört. Nun bin ich ein Penner, ein Vagabund, der bei Regen mal unter Brücken, mal in Abfalltonnen, mal in U-Bahnschächten schläft. Dabei war ich früher sogar im EC. Wissen Sie, was EC ist?"

„Und ob ich das weiß", erklärte ich ihm. „EC bedeutet: Entschiedenes Christentum. Als junges Mädchen gehörte ich zu diesem Verband und stand in der Nachfolge Christi. Da haben wir zwei aber manches gemeinsam", freute ich mich.

„Freuen muss Sie das gar nicht. Ich habe meinem Heiland nur Schande gemacht. Als ich 14 Jahre alt war, begann ich meine Bibel regelmäßig zu lesen und zu meinem Gott zu beten. Ich war fest in dieser Gruppe junger Christen verwurzelt, die ihr Leben Jesus geweiht hatte. Ich wollte ihm sogar dienen. Meine Hände falte ich heute noch zum Beten, wenn auch nicht regelmäßig. Wenn die Angst über mich kommen will, dann flüchte ich mich in das Reden mit Gott. Ab und zu danke ich auch dem Vater im Himmel, wenn freundliche Menschen mich ein Stück weit mit dem Auto mitnehmen oder mir eine warme Mahlzeit geben. Neulich durfte ich mir bei der Caritas auch fast neue Schuhe mitnehmen. Sie waren kaum getragen. Da habe ich im Stillen gesagt: Danke, Vater, du meinst es noch immer gut mit mir. Aber aus der Spur Jesu Christi, in der ich früher gelebt habe, hat es mich herausgehauen. Der Alkohol ist an allem schuld, und ihm bin ich verfallen. Dabei habe ich meinen Heiland erfahren, wie ihn nur wenige erlebt haben.

Bei meiner Nierenoperation war ich ein Todeskandidat. Die Ärzte hatten keine Hoffnung mehr für mich. Ich war schon in ein Zimmer abgeschoben worden, wo ich sterben sollte. Da habe ich in meiner Not dem Pfleger gesagt: Rufen Sie Schwester Gertrud! Sie soll sofort kommen! Eine halbe Stunde später stand die Diakonisse vor mir. Ich konnte fast nicht mehr reden, nur noch japsen. Da sah Schwester Gertrud mein Elend, meine Todesnot, kniete an meinem Bett nieder und hat so innig zu meinem Vater im Himmel gerufen, er möchte mich doch wieder aufrichten, sich über mich erbarmen und ein Wunder an mir tun. Er, der doch Jesus Christus von den Toten auferweckt hat, könnte mir auch das Leben erhalten. Ihr Gebet wurde erhört. Die Ärzte standen sprachlos vor diesem Geheimnis. Ich wurde wieder gesund. Mein Heiland hat mich nicht dem Tode überlassen. Das alles verdanke ich Schwester Gertrud. Wie hat sie für mich zu Gott geschrien, er möge mich heilen. Sie hat mich sehr geliebt. Nie werde ich das meiner Schwester Gertrud vergessen. Sie hat mehr für mich getan, als eine Mutter für ihr Kind tun kann."

Der Mann konnte vor innerer Bewegung nicht mehr weiterreden. Die Tränen rannen ihm den Stoppelbart herunter. Mit seinem Jackenärmel wischte er sich das Nass aus den Augen. In einem Selbstgespräch fuhr er fort: „O, liebe Schwester Gertrud, was muss ich mich vor dir schämen, ganz arg schämen. Du hast es so gut mit mir gemeint, und ich habe dich enttäuscht, bitter enttäuscht. Ein Schrecken würde dich überkommen, wenn du mich jetzt sehen könntest. Ach, wie tief bin ich gefallen! Ich bin ein schrecklicher Sünder, Schwester Gertrud, bete für mich."

„Soll ich denn Schwester Gertrud grüßen, wenn ich wieder in Marburg bin? Ich kenne diese Diakonisse sehr gut."

„Was, Sie kennen Schwester Gertrud?“ Ein Strahlen ging über sein Gesicht. „Sie war früher meine Jugendschwester. Das gibt es doch gar nicht! Kennen Sie sie wirklich, oder wollen Sie mich zum Narren halten?“

„Wie könnte ich Sie belügen! Noch heute Abend rufe ich sie an und richte ihr einen Gruß von Ihnen aus.“

„Ich bin Martin Wilkens aus K. (Der Name wurde geändert.) Sie brauchen ihr auch nur meinen Vornamen zu nennen. Sie wird sich bestimmt an mich erinnern. Sagen Sie ihr, Sie seien dem Martin begegnet, für den sie um ein Heilungswunder zu Gott gebetet hat und auch erhört wurde. Mir ist's so froh ums Herz und doch so weh zugleich. Diese Schwester werde ich nie vergessen.

Wissen Sie, welches Lied sie mit uns Kindern immer gern in der Sonntagsschule gesungen hat?“

Und schon stimmte er mit seiner wunderschönen, kräftigen Stimme an:

„Solang mein Jesus lebt,
und seine Kraft mich hebt,
muss Furcht und Sorge von mir fliehn,
mein Herz in Lieb erglühn.“

Ich fiel in seinen Gesang mit ein, und wir schmetterten alle Strophen laut und von Herzen, so dass sich wohl die übrigen Reisenden über dieses Gotteslob im D-Zug gewundert haben mögen. Es folgte Lied um Lied: „Stern, auf den ich schaue." „Gott ist die Liebe." „Von meinem Jesus will ich singen."

Es war erstaunlich, wie mein Reisebegleiter alle Strophen auswendig beherrschte. Ich hatte eine Saite im Leben dieses Tippelbruders berührt und sie zum Klingen gebracht. Er erinnerte sich vergangener glücklicherer Zeiten. Wir kamen uns auf dieser Fahrt im Glauben ganz nahe. Als ich ihm eines meiner Bücher schenkte, schrieb ich ihm als Widmung hinein: Zuflucht ist bei dem alten Gott, und unter den ewigen Armen.

Nachdenklich blätterte er darin und steckte es in seine Jackentasche. „Ja, Zuflucht ist bei dem alten Gott, und ich bin ein Vagabund, ein Fremdling, ein Streuner. Ob ich wohl noch einmal bei ihm Zuflucht finde, ein warmes Nest, ein Zuhause?"

„Ich würde Sie so gerne zu uns nach Marburg einladen. Nach dem 15. Mai bin ich wieder für zwei Wochen zu Hause. Ich schaffe Platz für Sie, und Sie können ein paar Tage Urlaub bei uns machen. Dann begleiten Sie uns zum Gottesdienst, und wir besuchen Schwester Gertrud im Diakonissenmutterhaus. Das wird eine Überraschung sein!“

„Zu Ihnen komme ich gerne, das verspreche ich Ihnen, aber ob ich Schwester Gertrud unter die Augen treten kann, das weiß ich jetzt noch nicht. Zu tief bin ich gefallen. Schauen Sie mich nur richtig an!“

„Lieber Martin, ich darf Sie doch beim Vornamen nennen, wer gefallen ist, darf wieder aufstehen. Das ist die Chance, die Christus uns bereitet. Wir dürfen neu zu Jesus kommen. Nur nicht am Boden liegen bleiben! Jesus ist unser guter Hirte. Er läuft seinen verirrten Schafen nach, um bei diesem Hirtenbild zu bleiben, und will sie nach Hause zum Vater im Himmel bringen. Die verlorenen Schafe seines Vaters, die sind ihm wichtig und nach ihnen begibt er sich auf die Suche. Dass wir uns in diesem Abteil begegnen durften, ist mir schon ein Beweis der großen, göttlichen Liebe. Martin, ich muss jetzt bald umsteigen. Ein Lied singen wir noch miteinander, vielleicht Ihr Lieblingslied. Stimmen Sie nur gleich an.“

Laut ertönte dieses wundersame, alte Lied

aus seinem Munde, und man spürte ihm ab, wie heimwehkrank dieser Tippelbruder war. Es war *sein* Lied, und die traurige Erfahrung seines Lebens spiegelte sich darin wider.

„Ich bin durch die Welt gegangen, und die Welt ist schön und groß,
und doch ziehet mein Verlangen mich weit von der Erde los.

Ich habe die Menschen gesehen, und sie suchen spät und früh,
sie schaffen, sie kommen und gehen, und ihr Leben ist Arbeit und Müh.

Sie suchen, was sie nicht finden in Liebe und Ehre und Glück,
und sie kommen belastet mit Sünden und unbefriedigt zurück.

Es ist eine Ruh vorhanden für das arme, müde Herz;
sagt es laut in allen Landen: Hier ist gestillet der Schmerz.

Es ist eine Ruh gefunden für alle, fern und nah:
in des Gotteslammes Wunden, am Kreuz auf Golgatha.“

Diese Begegnung mit Martin hat mich überaus glücklich gemacht. Der Hirte, Jesus Christus, gibt keins seiner verirrten Schafe preis. Er geht ihnen nach und findet sie sogar im D-Zugabteil an der Schweizer Grenze.

Mein Freund half mir noch beim Umsteigen und trug die schweren Koffer. Als ich am Bahnhofskiosk das Buch von Knut Hamsun mit dem Titel „Der Landstreicher“ entdeckte, kaufte ich es mir. Die Begegnung mit Martin hat mich neugierig gemacht. Was mag sich denn in der Seele eines so unbehausten Bruders der Landstraße alles abspielen?

Die folgenden sieben Stunden der Heimfahrt war ich nur mit diesem Thema beschäftigt. Ja, Landstreicher sind wir im Grunde alle, Unbehauste, Heimatlose, Verirrte. Wir mögen vielleicht in wunderschönen Eigenheimen oder Villen am See wohnen, unser Herz ist und bleibt ruhelos, bis es bei Gott zur Ruhe gefunden hat.

In mein Abendgebet schloss ich Martin ein und dankte meinem Herrn. Er übersieht keinen, auch nicht einen Außenseiter der Gesellschaft. Ja, Zuflucht ist bei dem alten Gott und unter den ewigen Armen für Martin, für mich, für alle, die sich nach dieser Zuflucht sehnen.

„Sie sind wie meine Mutter“

Wir waren schon ein seltsames Trio, wie wir so im D-Zugabteil beieinandersaßen. Neben mir hatte es sich ein etwas heruntergekommener junger Mann bequem gemacht, wenn man ihn nach seinem Äußeren bewertete. Er sah ungepflegt aus, war unrasiert, und die vom Zigarettenrauch gebräunten Zähne schienen schon lange nicht mehr eine Bürste und Zahnpasta gesehen zu haben. Die schmutzigen halbhohen Stiefel ruhten auf dem roten Polster. In mir erregte dieses stoffelige Benehmen Widerwillen, denn wie oft habe ich mir schon meine Kleider auf Bahnfahrten verdorben und fleckig gemacht. Mal klebte ein Kaugummi auf der Sitzbank, mal waren die Bezüge mit verstreuter Zigarettenasche bedeckt und mal hatte einer eine Milchtüte ins Gepäcknetz gestellt, und das weiße, fettige Nass tropfte langsam auf meine Bluse. Aber ich schwieg jetzt, wenn auch mein durchdringender Blick keinen Zweifel an meinem Ärger ließ. Später nahm dann dieser „Jüngling mit langem lockigem Haar“ seine Füße auch wieder herunter. Er gehörte einer alternativen Gruppierung an, wie er mir sagte, und versuchte mich auch sogleich mit seinen Parolen und Schlagworten zu bombardieren. Als er merkte, dass er bei mir mit seinen verbogenen, abstrusen Ansichten nicht landen konnte, ließ er von mir ab, und nun war ich im Gegenzug dran, ihm durch ein Traktat, das ich ihm reichte, das Zeugnis von Christus weiterzusagen. Er nahm mir das Blatt ab und bedankte sich sogar dafür, was bei mir aufrichtiges Staunen hervorrief.

Mir schräg gegenüber saß ein farbiger amerikanischer Soldat. In Gießen war er stationiert. Sein Käppi hatte er sich weit ins Gesicht gezogen; bequem lehnte er sich gegen die Nackenstütze. Er schien vor sich hinzudösen, und sicher trugen der warme Herbstnachmittag und das gleichmäßige Geratter der Räder zu diesem Nickerchen noch bei. Wahrscheinlich hatte ihn unser reges Gespräch aus seinen Träumen gerissen, denn nun wachte er auf, gähnte und reckte sich und wurde so nach und nach recht munter. Natürlich wollte ich auch ihn in den Genuss der Botschaft von Gott kommen lassen, aber vergeblich kramte ich in meiner Tasche und suchte nach einem englischen christlichen Blatt. So entschuldigte ich mich bei ihm für meine Nachlässigkeit, denn ich bemühe mich, auf meinen Reisen auch missionarisch ausgerichtete Schriften für Ausländer in meiner Mappe zu haben.

Unbekümmert, wie es so meine Art ist, fragte ich ihn: „Sind Sie Christ?“

„Nur christlich, aber noch nicht wiedergeboren.“ Diese Antwort verwunderte mich. Der Amerikaner bemerkte mein Erstaunen und meinte, mir das näher erklären zu müssen.

„Wissen Sie, meine Mutter war eine Christin durch und durch. Wir waren zu Hause eine große Familie. Mutter lehrte uns das Beten und erzählte uns viele spannende Geschichten aus der Bibel. Wir gingen auch in die Sonntagsschule und später zur Kirche. Manchmal war ich verärgert, knirschte mit den Zähnen (und dabei ließ er seine blendend weißen Zähne hörbar mahlen) und drohte unter dem Tisch mit der Faust, wenn wir am Sonntagmorgen früh aufstehen mussten. Kaum hatten wir Kaffee getrunken, ging's schon in die Kirche und das Sonntag für Sonntag. Ausnahmen gab es nicht, auch wenn ich nach einer durchfeierten Nacht noch recht müde war. Heute tut mir mein jungenhaftes Aufbegehren leid. Unsere Mutter war eine fromme Frau. Ihren Glauben nahm sie ernst und lebte auch danach. Sie hat wunderbar für unsere große Familie gesorgt, und wir haben sie alle trotz ihrer Strenge und Unnachgiebigkeit geliebt. Erst im Nachhinein erkenne ich, wie viel sie für mein Leben bedeutet hat.

Vor drei Jahren ist sie an einer schweren, heimtückischen Krankheit gestorben, und wir Kinder standen verzweifelt und in großem Kummer um ihren Sarg herum. Aber an ihrem Grab begriff ich durch die Predigt, meine Mutter lebt in der neuen Welt Gottes und darf nun das schauen, was sie hier auf Erden geglaubt hat. Sie wohnt bei Gott und wartet darauf, dass jedes ihrer Kinder auch in den Himmel kommt. Seitdem packt mich die Sehnsucht, und ich will auch das ewige Leben empfangen, damit ich immer bei meiner Mutter sein kann. Ich habe sie doch so sehr geliebt. Das ist auch der Grund, warum ich die Wiedergeburt erfahren möchte. Meine Mutter hat uns nämlich immer wieder gesagt: Nur wer sich durch eine klare Bekehrung an Christus ausliefert, empfängt das neue

Leben, das kein Tod auslöschen kann, und wird Gott schauen in seiner Schönheit und Majestät. Der Tod ist nur Durchgang zu diesem neuen Sein, auch wenn er schrecklich ist und tiefe, schmerzende Wunden schlägt. Ich habe mir nach dem Heimgang meiner Mutter die Bibel aus der Dachkammer hervorgeholt, lese darin und bete zu Gott, dass er mir die Wiedergeburt schenkt, denn ich will unter allen Umständen meine Mutter wiedersehen. Sie war eine wunderbare Frau, durch und durch aufrichtig und von ihrem Herrn Christus geprägt."

So weit die Lobeshymne dieses schwarzen Soldaten auf seine geliebte Mutter. Ich glaube, ich brauche nicht zu erwähnen, dass seine Augen sprühten und die Dankbarkeit an ihrem leuchtenden Glanz abzulesen war. Sie verrieten aber auch das innige Verlangen und die tiefe Sehnsucht nach einem sinnerfüllten Leben in der Gemeinschaft mit Christus.

Hätte ich da schweigen können?

Es sprudelte förmlich aus mir heraus, und ich gab ihm Handreichung, wie er dieses herrliche Geschenk der Wiedergeburt erlangen könnte. Jesus will sich jedem schenken, der ihn aufrichtig begehrt und bereit ist, seine

Sünde vor Gott einzugestehen. Dass ein Mensch Jahre seines Lebens ohne Gott zugebracht hat, ist Schuld vor ihm, ganz abgesehen von den Verfehlungen, Versäumnissen und Verstößen gegen die zehn Gebote.

Aber das darf anders werden, und in der Begegnung mit Christus erfährt der Mensch Vergebung seiner Schuld und die Aussöhnung mit Gott.

Friede und Freude münden ein in den Jubel über dieses wunderbare Geschenk der Gotteskindschaft.

Eigentlich war die Fahrt durch dieses intensive Gespräch wie im Nu verflogen. Beim Aussteigen half mir der baumlange Hüne von Mann, nahm meine Hand in seine beiden großen Hände, drückte sie mir und sagte mit bewegten Worten: „Sie sind wie meine Mutter." Und Sie sind wie mein Sohn, musste ich im Stillen denken.

Vom Schicksal bis nach Sibirien verschlagen

Wie Gott sich Lob unter schwierigsten, bedrängenden Verhältnissen verschafft, das wurde mir bei Mutter Altenrieder deutlich. Die Begegnung mit ihr hat mich zutiefst erfreut. In Karlsruhe saß ich auf einer Bank und wartete auf meine Weiterfahrt. In anderthalb Stunden würde der Interregio eintreffen und mich dann nach Marburg bringen. Ich nutzte diese Zeit zum Ausruhen, zum Entspannen; ich genieße solche Stunden als besonderes Geschenk von Gott. Ich weiß, dass viele Menschen ungehalten sind und murren, wenn die Zugverbindungen schlecht aufeinander abgestimmt sind, mir aber bringt es Behagen, vor allen Dingen dann, wenn die Sonne ihre ganze Kraft offenbart, wie an diesem herbstlichen Tag. Hell strahlte sie vom Himmel und verwandelte die Düsternis eines Bahnhofs in Glanz. Gerne setzte ich mich ihrer Wärme aus, beobachtete die Tauben, die gierig die Brotkrümel vom Bahnsteig aufpickten und zog dann das Neue Testament aus meiner Handtasche. Es gehört immer mit in mein Reisegepäck. Ich vertiefte mich in einige Kapitel aus dem Römerbrief. Dies war geschenkte Zeit, die nur mir gehörte. Kein Telefon läutete, kein Briefträger klopfte an die Tür und kassierte Nachgebühren für einen Brief, keins der Kinder tauchte plötzlich auf und bedrängte mich mit einer schwierigen Frage. So wollte ich die Zeit nutzen. Ich war vom Römerbrief fasziniert. Wie versuchte der Apostel Paulus mit allen Mittel, den Christen in Rom Jesus vor Augen zu malen. Er war nur von dem einen Gedanken durchdrungen, wie Jesus Christus, der Gottessohn zum Inhalt seiner Nachfolger wird. Es gibt sicher viele wichtige und interessante Dinge, aber hier geht es darum, dass ein Mensch, über dem das Gerichtsurteil Gottes steht, doch noch das Heil ergreift und erkennt: Allein aus Gnaden bin ich gerettet. Es sind gewaltige Kapitel, die den Ernst, aber auch die Freude des Evangeliums aufzeigen. Es geht um Gottes Gerechtigkeit, um seine Heiligkeit, um seine Offenbarung durch seinen Sohn Jesus Christus.

Freimütig gebe ich zu, dass ich vieles nicht verstehe, was ich lese, aber das stört mich keineswegs. Ich freue mich an dem, was ich begreife, und lasse es mir zum Nutzen werden.

Während ich beim Lesen ab und zu von meiner Bibel aufblickte, fiel mir eine etwas ältere Frau auf. Sie mag vielleicht 70 Jahre gewesen sein, aber sonst fand ich einiges, was sie mit mir gemeinsam hatte: ihre streng nach hinten gekämmten Haare, die zu einem Knoten gesteckt waren, ihre schlichte Kleidung und ihre etwas zu kräftig geratene Statur. Schon einige Male war die Frau an mir vorüberspaziert und hatte mich dabei eindringlich angeschaut. Ob sie mich wohl kannte? Ein Strahlen ging über ihr Gesicht, als ich sie ansprach. Es sprudelte nur so über ihre Lippen, und sie wusste viel zu erzählen. Aus Möttlingen komme sie. Dort sei sie für einige Tage in der Arche eingekehrt. Möttlingen war die Wirkungsstätte von Pastor Blumhardt. In einzigartiger Weise hat dieser Gottesmann den Sieg Jesu Christi erfahren. Menschen wurden vom Geist Gottes erfüllt, erkannten im Licht des Evangeliums ihre Sünde und wurden von aller Last der Schuld befreit. Männer und Frauen, die in okkulte Bindungen verstrickt waren, wurden durch die Macht Jesu frei und dem Banne Satans entrissen.

„Wissen Sie“, begann Mutter Altenrieder, „ich musste mal wieder in die Arche fahren. Es war bitter nötig für mich. Es tut mir einfach gut, in der Stille das Wort Gottes zu betrachten. Er hat seinen Finger auf wunde Stellen meines Lebens gelegt, und ich durfte Heilung erfahren. Gewiss, es hat mir im Herzen wehgetan, als ich erkannte, wie viel Schuld sich bei mir angesammelt hatte. Da war der Streit mit einer Nachbarin, die ihr Radio immer laut und bis in die Nacht laufen lässt. Da war die Sache mit dem Wechselgeld, das mir zu viel zurückgegeben wurde. Ich habe es behalten, anstatt es der Verkäuferin zu sagen. Und noch manche andere Dinge hatte ich zu bereinigen. Mir ist nun zumute, als sei ich neugeboren. Was bin ich so froh, dass ich meinen Heiland habe. Unter seinem Kreuz kann ich jede Sünde ablegen.

Sie sind doch auch Christ, sonst würden Sie nicht mitten im Trubel eines Hauptbahnhofs die Bibel lesen.“

Ich nickte und freute mich zugleich darüber, wie schnell sich Christen eins wissen. Nun kam der Austausch über Jesus und sein Leben in uns erst recht in Gang. Viel wusste mir diese Mutter zu erzählen. Ich war dankbar und bewegt zugleich, welche Höhen und Tiefen Gott in ein Menschenleben einordnet.

„Sie müssen wissen, ich bin über zehn Jahre in Sibirien gewesen. Was ich da alles erlebt habe, das würde ein dickes Buch füllen. Ich gehöre zu den Schwarzmeer-Deutschen, denen ein besonders schweres Schicksal auferlegt wurde. Als sich die Russen auf dem Vormarsch befanden, wurden wir nach Deutschland umgesiedelt. Mein Mann kämpfte an der Ostfront in aussichtsloser Lage. Ich bangte um sein Leben. Mit meinen beiden Kindern gelangte ich in den Warthegau. Bei deutschen Umsiedlern erhielt ich eine Küche mit kleiner Kammer. Ein Strohlager war uns beschieden, aber daran haben wir uns sehr schnell gewöhnt. Schlimmer war die Angst um meinen Mann. Manchmal erhielt ich vier Wochen lang kein Lebenszeichen von ihm. Aber in Polen konnten wir nicht lange bleiben. Die Russen rückten immer näher. Nachts hörten wir die Einschläge der Kanonen und sahen die Leuchtfeuer am Himmel. Insgeheim wurde gemunkelt, dass wir wohl flüchten müssten. Ein kleines Köfferchen mit dem Nötigsten stand gepackt unter der Küchenbank. Am 21. Januar 1945 war es dann so weit. Unser Kreisleiter gab den Befehl zum Abmarsch. Mein Hauswirt lud mich mit meinen beiden Kindern auf seinen Planwagen. Bei minus 20 Grad wagten wir die Reise in unbekanntes Land. Sie wollte fast nicht mehr enden. Kreuz und quer wurden wir durcheinandergewirbelt. Die Straßen waren glatt und von Trecks überfüllt. Wenn eine Militärkolonne anrückte, dann hatte sie Vorfahrt. Wir mussten dicht rechts an den Straßengraben ranfahren und die Soldaten vorbeilassen. Einmal stockte der Verkehr, weil eine Brücke gesprengt worden war. Einen Tag lang gab's kein Vor und kein Zurück. Ich bangte um meine kleinen Kinder. Katharina war drei Jahre alt und Stephan, mein Großer, sechs. Wenn uns das Rote Kreuz nicht mit einer warmen Erbsensuppe versorgt hätte, wären wir wohl auf der Landstraße erfroren. Im Schritttempo ging's dann endlich weiter. Wir wurden über einen anderen Weg umgeleitet und konnten die Oder auf einer Behelfsbrücke überqueren. Wir waren kaum eine Nacht und einen Tag gefahren, da hieß es, wir seien von Russen umzingelt, und es sei nur eine Frage von Stunden, bis ihre Panzer uns überrollten.

Angst packte mich. Ich wollte nur noch mit meinen Kindern sterben. Mein Lebensmut war ausgelöscht, so wie man eine Kerze auspustet. In dieser bösen, verzweifelten Situation wurde ich an meine Mutter erinnert. Sie war eine sehr fromme Frau und hat uns früh das Beten gelehrt. So stammelte ich nun die Gebete aus meiner Kinderzeit und wurde auch an die Psalmen erinnert. Immer wieder sagte ich mir den 23. Psalm auf. Er wurde zu einem Zufluchtsort, zu dem ich in meiner Not fliehen konnte. Ich hielt beide Kinder fest umschlungen und dachte nur: Trifft uns eine Granate, dann will ich mit meinen Kindern sterben, um dann bei Gott zu sein. Es ist nicht zu beschreiben, welche Kraft aus einem solchen Vers hervorgeht: ‚Und ob ich schon wanderte im finstern Tal, fürchte ich kein Unglück, denn du, Gott, bist bei mir.' Es war wirklich ein dunkles Tal, das wir durchschreiten mussten. Ich sah keinen Ausweg aus dieser Misere. Aber Jesus ging auch diesen dunklen Weg mit mir und meinen Kindern. Er tröstete mich, wenn die Angst mir zu schaffen machte. Einmal entdeckte ich mich dabei, wie ich das alte Lied, das meine Mutter immer so gerne gesungen hatte, leise vor mich hinsummte:

‚Wenn Friede mit Gott meine Seele durchdringt,
Ob Stürme auch drohen von fern.
Mein Herze im Glauben doch allezeit singt:
Mir ist wohl, mir ist wohl in dem Herrn.'

Es ist nicht zu begreifen, welch ein Friede das Innerste bewegt, auch wenn ringsum der Kanonendonner und das Rasseln der Panzerketten die Luft durchdringen. Als wir weder vor- noch zurückfahren konnten, bogen wir in einen kleinen Landweg ein, der zu einem Gut führte. Dort machten wir halt. Die Russen seien nur noch wenige Kilometer entfernt, hieß es. Jeden Augenblick könnten wir von ihnen eingeholt werden. Ich streute mir Asche ins Haar und schwärzte mein Gesicht.

Je hässlicher ich war, desto mehr Chancen hatte ich, ungeschoren davonzukommen. Nur nicht von den Russen vergewaltigt werden, das war mein wichtigster Gedanke. Als die feindlichen Truppen in den Gutshof einmarschierten, gelang es mir, mich in der Scheune versteckt zu halten. So wurde ich vor dem Schlimmsten bewahrt.

Aber dann brach doch das Unglück über mich herein. Als die Russen herausfanden, dass ich Schwarzmeer-Deutsche war, nahmen sie mich gefangen. In einem Lager wurde ich zunächst unter menschenunwürdigen Bedingungen festgehalten. Schließlich wurde ich mit meinen Kindern in Viehwaggons verfrachtet, und eine unendliche Reise begann. Richtung Osten war das Ziel. Fast ein halbes Jahr dauerte die Reise. Manchmal blieben unsere Güterwaggons mitten auf dem freien Feld stehen, und wir mussten drei, vier Tage warten, bis die Räder wieder rollten. Einmal streikte unsere Lokomotive, und wir mussten 14 Tage bei Kälte und Frost ausharren. Dann erst traf eine neue Lokomotive ein, und die Fahrt konnte fortgesetzt werden. Wir wären verhungert, hätten nicht Dorfbewohner Milde walten lassen und uns mit Kartoffeln und Kraut versorgt. Gelegentlich gab es auch mal ein Stück Brot. Ab und an hatten wir auch Glück, wenn wir eine Wasserstelle fanden und unsere Kanister mit dem kostbaren Gut füllen konnten. Am schlimmsten mussten die

Säuglinge und Kleinstkinder leiden. Milch ist durch nichts zu ersetzen. Die Kinder starben wie die Fliegen. Sie wurden einfach am Bahndamm abgelegt, wenn sie gestorben waren, und das Wehgeschrei der Mütter klang schrecklich über die Weite hinweg. Ich bangte um Stephan und Katharina. Sie erkrankten an einer schweren Grippe. Stephan bekam noch eine gefährliche Lungenentzündung dazu. Ich stand Ängste um meine Kinder aus, Todesängste. Es gab auf dem Transportzug weder einen Arzt noch eine Krankenschwester. Auch die Medikamente fehlten. In einer Nacht glühte das zarte Körperchen meines Jungen, und ehe der Morgen anbrach, hauchte das Kind seinen letzten Atemzug. Ich saß da und war wie gelähmt. Ich hatte noch nicht einmal die Kraft zu weinen. Das Kind hielt ich in meinen Armen und konnte mich nicht von ihm trennen. Die anderen Flüchtlinge drängten darauf, ich solle das Kind beim nächsten Halt auf den Bahndamm legen, denn die Seuchengefahr sei groß, aber ich vermochte es nicht. Wenigstens beerdigen wollte ich meinen Liebling. Als wir bei Nacht einmal länger auf freier Strecke stehen blieben, stieg ich aus, grub mit bloßen Händen ein Loch in den Sand und bettete das tote Kind in die fremde Erde. In dieser Nacht meinte ich, der Schmerz würde mich entzweireißen. Ich hatte um das Leben meines Jungen gekämpft und die Schlacht doch verloren.

‚Oh Gott', schrie ich in meinem Weh auf, ‚oh Gott, wo bist du? Warum hörst du mein Schreien nicht? O Herr, ich bin am Ende, mir ist ganz elend zumute. Lass mich sein, wo mein Stephan ist, ich will nicht mehr leben. Hol mich mit Katharina zu dir. O Gott, ich will nicht mehr auf dieser Erde sein, und muss doch ihre Qual aushalten! O Gott, erbarme dich über mich, ich werfe mich dir in die Arme. Sag du, wie es weitergehen soll!'

Es war eine entsetzliche, irre Fahrt durch Schneegestöber und Hundekälte. Erst nach sechs Monaten landeten wir in einem Lager in Sibirien.

Nun galt es, in der Verbannung ein neues Leben aufzubauen. Ich war ausgemergelt, müde, tieftraurig, aber um meiner kleinen Katharina willen durfte ich mich nicht hängen lassen. Katharina brauchte mich, und das gab mir im Laufe der Zeit neuen Mut. Im Lager herrschte drangvolle Enge. Strohbündel lag an Strohbündel, auf denen sich die ausgelaugten und ausgezehrten Körper hinwarfen. Läuse, Flöhe und Wanzen waren unsere Gäste bei Tag und Nacht. Sie quälten uns. Die Kinder litten an Krätze, einer scheußlichen Hauterkrankung, und waren fast alle unterernährt. Von Steckrüben und ein paar Kartoffeln kann man nicht satt werden. Hinzu kam, dass ich nicht wusste, wo mein Mann verblieben war. Lebte er noch oder war er im Krieg gefallen, wie so viele? Und wenn er noch lebte, war er dann vielleicht in Gefangenschaft geraten und auch in die Lager nach Sibirien verschleppt? Wo war mein Heinrich? Seit einem Dreivierteljahr hatte ich kein Lebenszeichen von ihm erhalten. Ich hätte Heinrich so dringend gebraucht. Trotz meines noch kleinen Kindes wurde ich beim Gleisbau eingesetzt. Das war Schwerstarbeit. Hinzu kam der eisige Wind und die entsetzliche Kälte von minus 40 Grad. Wenn ich bei Nacht von der Arbeit kam, war ich total erschöpft. Wie gut, dass eine ältere Frau sich um meine Katharina kümmerte. Das Kind wäre sonst verwahrlost. Aber ich litt doch sehr darunter, dass ich meinem Kind nicht das geben konnte, was es so nötig gebraucht hätte. Fisch war unser Hauptnahrungsmittel, ob gedörrt, frisch oder in gefrorenem Zustand. Ich hielt meine Augen offen und konnte mir sogar einen kleinen Vorrat an Dörrfisch anlegen. Im darauffolgenden Jahr kaufte ich einer russischen Bäuerin ein kleines Zicklein ab. Ich zog es groß, und von da an hatte ich Milch, kostbare Milch für meine Katharina. Nun blieb sie nicht länger unterernährt.

Eines Tages erhielt ich über das Rote Kreuz eine Nachricht. Mein Mann meldete sich aus Deutschland, wohin er sich hatte entlassen lassen. Ein Hoffnungsschimmer flackerte in meiner Verzweiflung auf. Hatte Gott mich doch nicht aus seinen Augen verloren? Ich kann gar nicht sagen, wie wertvoll mir diese einfache Postkarte meines Mannes war. Wenn ich zu Bett ging, dann legte ich sie mir unter das Kissen, und wenn ich morgens aufstand, heftete ich sie mit einer Reißzwecke an die Wand. Sie war mein Schmuck, meine Zuversicht, mein untrügliches Zeichen, dass mein Mann noch lebte, und ich würde ihn wiedersehen. Irgendwann würde dieses Wunder geschehen.

Nun hatte ich ein Ziel vor Augen, ich wollte nach Deutschland, koste es, was es wolle. Heim, heim, nur noch heim!

Aber als ich mich um die Ausreise bemühte, wurde ich abgewiesen. Alte und Kranke standen zunächst auf der Liste der Heimkehrenden. Ich aber war eine gesunde, junge Frau. Ja, ich wurde noch dafür bestraft, dass ich es wagte, einen Ausreiseantrag zu stellen. Man verlegte mich in ein anderes Lager. Innerhalb von zwei Stunden musste ich mein Bündel schnüren und beim Lagerverwalter erscheinen. Wohin nun die Reise ging, wusste ich nicht. Ich landete in einem weiter nördlich gelegenen Waldgebiet und musste nun beim Holzfällen helfen. Diese Arbeit war zwar nicht schwieriger als der Gleisbau, aber doch weit gefährlicher. Ich hatte zuvor noch nie einen Baum gefällt. Mit meinem Kind und dem Köfferchen in der Hand erschien ich in dem neuen Lager. In einem großen Raum wurde mir eine Strohstatt zugewiesen. Als die anderen Hausbewohner mich mit meiner Tochter sahen, gingen sie auf die Barrikaden: ‚Was soll dieses Hurenweib mit seinem Schreihals in unserm Raum? Wir haben sowieso schon keinen Platz. Scher dich dahin, wo der Pfeffer wächst, hier bei uns ist kein Platz für solche Streunerinnen!‘

Katharina fing zu weinen an, und ich saß

da, als hätte mich der Schlag getroffen. Wo sollte ich nun bleiben? Ich war zu keinem klaren Gedanken fähig. Zunächst beruhigte ich meine aufgestörte Tochter, setzte sie aufs Köfferchen und gab ihr ein Stück trockenes Brot in die Hand. Plötzlich wurde ich an ein altes Lied erinnert, das wir oft zu Hause in der „Stunde" gesungen hatten. Leise summte ich es vor mich hin:

‚Befiehl du deine Wege und was dein Herze kränkt
der allertreusten Pflege, des, der den Himmel lenkt.
Der Wolken, Luft und Winden gibt Wege, Lauf und Bahn,
der wird auch Wege finden, da dein Fuß gehen kann.'

Ja, das war's, was ich brauchte: Gottvertrauen. Hatte er mir nicht schon so oft seine Hilfe zugewandt, wenn meine Sache aussichtslos schien? Erst jetzt hatte doch Gott meine Gebete erhört und mir ein Lebenszeichen von meinem Mann geschenkt.

Ich musste neu Vertrauen wagen, und dieses Lied gab mir Hoffnung. Ich sang auch die zweite Strophe, diesmal schon lauter:

‚Dem Herren musst du trauen, wenn dir's soll wohlergehn;
auf sein Werk musst du schauen, wenn dein Werk soll bestehn.
Mit Sorgen und mit Grämen und mit selbsteigner Pein
lässt Gott sich gar nichts nehmen, es muss erbeten sein.'

Plötzlich tat sich im Flur oben eine Tür auf. ‚Wer singt denn schon am frühen Morgen? Habe ich etwa eine Glaubensschwester hier im Lager bekommen? Schwester im Herrn, komm rauf zu mir!'

Ich atmete tief durch, schöpfte neuen Mut, nahm meine Katharina an die Hand und stieg die ausgetretenen Stufen hoch.

Ich gab mich als Christin zu erkennen, und schon lagen wir uns in den Armen. Das war eine herzliche Begrüßung. Ja, meine Glaubensschwester war so bewegt, dass ihr die Tränen über die Wangen liefen. Sie erzählte mir, wie einsam sie in dieser Baracke sei, in der so viel geflucht und geschimpft werde. Schon seit Monaten bete sie um eine gläubige Mitbewohnerin, mit der sie zusammen die Bibel lesen und beten könne. Ein Gottesdienst oder eine christliche Versammlung war ja in Sibirien verboten. Heimlich mussten sich die Christen im Wald oder in einer Höhle treffen, wenn sie sich im Glauben stärken wollten.

Es war für diese Christin überhaupt keine Frage, wo ich denn bleiben könnte. Sie rückte mit ihren drei Kindern eng zusammen und bot mir eine Ecke in ihrem Zimmer an. Ja, sie erbot sich auch, auf meine Katharina aufzupassen, wenn ich im Wald die Bäume fällte. Für mich war die Begegnung mit dieser gläubigen Frau eine Wohltat. Aber mein eigentliches Problem war damit noch nicht gelöst. Ich sann nach neuen Wegen, wie ich denn zu meinem Mann kommen könnte. Immer neue Gesuche reichte ich ein. Ich schrieb auch an Heinrich, er solle sich mit der deutschen Botschaft in Moskau in Verbindung setzen, vielleicht könnte er auf diesem Wege etwas erreichen. Zwei Jahre waren nun schon vergangen, und noch immer saß ich in Sibirien fest. Wann würde endlich das

Wunder geschehen, und wir könnten als Familie vereint sein? Hier und da hatte ich gehört, dass Frauen mit Kindern bei der Familienzusammenführung zuerst berücksichtigt würden. Warum ging die Sache bei mir nur so schleppend voran? Ich nahm lange Fußmärsche zu den Ämtern in Kauf, kämpfte und setzte alle Hebel in Bewegung. Irgendwann musste mir doch das Glück hold sein. Es war ein russischer Beamter, der mir eines Tages die Augen für die Wirklichkeit öffnete. Klipp und klar erklärte er mir: ‚Dein Mann will dich nicht mehr.'

Ich war entsetzt über diese Antwort. Ich verfiel in Schwermut und weinte in dieser Nacht Tränen der Enttäuschung, des Leids, der Bitterkeit. Weshalb hatte mir Heinrich nur so etwas angetan? Langsam begann ich zu ahnen: Wahrscheinlich hat er eine andere unter sein Dach und in sein Bett geholt. Nun wusste ich, woran ich war. Und doch gab ich die Hoffnung auf bessere Lebensbedingungen nicht auf. Katharina brauchte eine Zukunft, in der sie leben könnte. Wieder setzte ich mich hin und schrieb meinem Mann, er möchte sich doch um seines einzigen Kindes willen um unsere Ausreise bemühen. Ich würde ihm keine Schwierigkeiten machen, er könne ruhig bei dieser Fremden bleiben. Für Katharina und mich könnte ich selbst sorgen. Ich stellte keine Ansprüche an ihn.

Zu diesem Schritt ließ sich mein Mann bewegen. Es dauerte nur noch wenige Monate, bis ich das Ausreisevisum in Händen hielt. Ich küsste dieses für uns so wichtige Dokument, auf das ich so lange gewartet hatte, und meine Augen wurden vor lauter Freude nass.

Der Tag kam, an dem ich die lange Fahrt nach Deutschland antreten durfte. Als wir in Friedland eintrafen, läuteten zum Empfang die Kirchenglocken. Es gab bewegende Szenen auf dem Bahnsteig. Männer hielten ihre Frauen im Arm und küssten sie. Kinder fielen ihren Eltern um den Hals und Geschwister drückten sich so fest die Hände, als ob sie Angst hätten, sie könnten wieder getrennt werden. Nur ich stand mit Katharina allein da. Endlich entdeckte ich in einiger Entfernung meinen Heinrich. Neben ihm stand eine hochgewachsene Dame, chic mit schwarzen Stiefeln und einem Ledermantel gekleidet. Auf ihren Locken trug sie einen schwarzen Pelzhut. So also sah meine Rivalin aus. In diesem Augenblick erfasste mich Ohnmacht,

Trotz, Wut und Hass. Langsamen Schrittes gingen wir aufeinander zu. Als er vor mir stand, schob ich ihm Katharina zu. ‚Heinrich, das ist deine Tochter!'

Katharina wich scheu zurück. Für sie war ja ihr Vater ein Fremder. Dieses Wiedersehen war für uns alle eine herbe, bittere Enttäuschung. Aber ich war doch froh, dass ich wieder in Deutschland war.

Heinrich gab mir die Hand, fragte, wie es mir denn ginge, drückte mir einen Fünfhundertmarkschein in die Hand, verabschiedete sich von mir und seiner Tochter und fuhr dann mit seiner Donja im schnellen BMW davon.

Für mich begann der lange Weg der Eingliederung. Es stellten sich mir riesige Schwierigkeiten in den Weg. Ich erfuhr, dass mein Mann eine zweite Ehe eingegangen war. Das hatte er mir bisher verschwiegen. Der Beamte erklärte mir, ich müsse zurück nach Sibirien, da mein Mann die Versorgung für mich ablehne.

Einen größeren Schreck als diesen hätte man mir nicht machen können. Aber in dem Augenblick der entsetzlichsten Angst lernte ich zu kämpfen.

‚Niemals gehe ich mit meiner Tochter nach Sibirien zurück. Das darf man mir nicht antun. Mein Mann braucht gar nicht für mich zu sorgen. Ich baue mir eine Hütte im Wald, und beim Bauern werde ich Arbeit finden und so für meinen Lebensunterhalt sorgen. Fast zehn Jahre habe ich unter schrecklichen Bedingungen überlebt, so werde ich das Dasein in Deutschland auch meistern. Für mich gibt es kein Zurück.' Etwas lautstark ließ ich meinen Worten freien Lauf.

Ich traf mich noch einmal mit meinem Mann und erläuterte ihm meine Probleme. Er hatte ein Einsehen mit meiner Not. Die zweite Ehe wurde annulliert. Er nahm mich als seine rechtmäßige Ehefrau an, und ich durfte in Deutschland bleiben. Aber ich gestand ihm zu, dass er zu seiner Geliebten zurückkehren konnte. Ich räumte auch ein, dass ich keine finanziellen Zuwendungen von ihm haben wollte, ich würde alles allein schaffen.

Als wir uns so geeinigt hatten, erhielt ich meine Aufenthaltserlaubnis. In Hessen bekam ich eine kleine Zweizimmerwohnung mit Bad und Küche. Ach, war das ein herrlicher Tag, als ich in meine neue Wohnung einziehen konnte! So etwas Schönes hatte ich in meinem ganzen Leben nicht besessen. In einer Kleiderfabrik fand ich Arbeit. Nähen hatte ich schon als junges Mädchen gelernt, und so schneiderte ich Röcke und Hosen. Jeden Monat bekam ich ein festes Gehalt, von dem ich einiges auf einem Sparbuch anlegen konnte. Wir waren ja das einfache Leben gewöhnt. Katharina sollte es einmal besser haben als ich.

Von meinem Mann hörte ich selten etwas. Zum Geburtstag und zu Weihnachten schickte er einen Tausendmarkschein für Katharina. Für mich aber hatte er noch nicht einmal einen Blumenstrauß übrig. Ich war sehr bitter darüber geworden, und in meinem Innern tobten Kämpfe.

In all den Jahren in Sibirien hatte ich meinem Mann die Treue gehalten, so wie ich es ihm am Traualtar versprochen hatte. Er aber hatte sein Gelübde gebrochen.

Ich hätte nie gedacht, dass ich so hassen könnte. Eifersucht plagte mich, und bis in meine Träume hinein beschäftigte mich diese Nebenbuhlerin. Ich fühlte mich durch die Haltung meines Mannes gekränkt und gedemütigt.

Während einer Bibelwoche in unserer Kirchengemeinde wurde mir bewusst, wie sehr ich mich durch meinen Zorn und Hass bestimmen ließ. Ich würde mich damit kaputt machen, wenn ich nicht gegen meine Bitternis ankämpfte. Mir wurde meine unversöhnliche Haltung als Schuld vor Gott klar, denn ich erkannte, wie der Hass alle meine Gefühlsregungen zum Guten hin abtötete. Ich wurde immer aggressiver und reizbarer in meinen Worten und in meinem Tun. Katharina hatte am meisten unter meiner hässlichen Art zu leiden. Gab es eine Befreiung vom Hass?

Ich sprach mit unserem Pastor über meine Not. Er war tief berührt von meinem schweren Lebensschicksal, gab mir aber klar zu verstehen, dass ich als Christin meinem Mann verzeihen müsse. Jesus hat uns mit seiner Vergebung den Weg zum anderen freigemacht, so dass wir auch vergeben können. Seine Liebe am Kreuz ist der stärkste Beweis, wie man Schuldiggewordenen gegenüber handeln soll. Ein hartes Ringen setzte in mir ein. Ich kämpfte gegen meinen Stolz und meine Ehre an. Aber dann wurde ich bereit, meinem Mann um Christi willen seinen Ehebruch zu verzeihen. Nein, ich wollte nicht mehr länger so von Hass und Zorn und Eifersucht umgetrieben werden. Der Pastor kniete dann mit mir nieder, und im Namen Jesu sprach er mir die Vergebung zu. Im Gebet klagte ich Gott all mein Leid, meine Verbitterung, meinen Gram und empfing den Zuspruch der Gnade. Ja, in dieser so bedeutungsvollen Stunde weckte Gott in mir die Erkenntnis, dass ich um die Errettung meines Mannes beten müsse. Er soll auch in den Himmel kommen. Wenn wir auch auf Erden durch widrige, schuldvolle Schicksalsschläge getrennt worden waren, im Himmel sollten wir doch vereint sein.

Das Gebet für meinen Mann ist mir nicht leichtgefallen, aber ich übte mich darin in der Kraft Jesu. In einem ausführlichen Brief teilte ich dann meinem Mann die Sinnesänderung mit.

Darüber vergingen einige Jahre. Dann aber erreichte mich ein folgenschwerer Brief. Mein Mann schrieb mir, er sei ernstlich an Darmkrebs erkrankt, und er wisse nicht, wie die Sache ausginge. Eine größere Operation stünde ihm bevor. Ich schickte meinem Mann einen Strauß herrlicher Chrysanthemen ins Krankenhaus und legte eine tröstende Spruchkarte dazu. Ich schrieb ihm, dass ich für seine Heilung beten wolle.

Die Operation hatte mein Mann recht gut überstanden. Er war auch schon auf dem Wege der Besserung, dann aber raffte ihn eine Lungenembolie plötzlich hinweg. Der Ortspfarrer teilte mir seinen Tod und den Termin der Beerdigung mit.

Wieder stritten zwei Seelen in meiner Brust: Sollte ich zur Trauerfeier fahren oder nicht? Schließlich entschied ich mich, nicht an der Seite einer Nebenbuhlerin zu stehen, das war mir unmöglich. Das brachte ich wirklich nicht fertig. Katharina war nun 18 Jahre alt, sie sollte an der Trauerfeier ihres Vaters teilnehmen.

‚Mama, ich habe solche Angst, ich fahre nicht allein zu Vaters Beerdigung. Mama, du musst mit mir fahren. Bitte!‘

Um Katharinas willen überwand ich meinen Stolz. Es war schon eine kuriose Trauerfeier. Der Geliebten meines Mannes rannen die Tränen über die Wangen, und ich stand in einiger Entfernung, fühlte auch Schmerzen in meinem Innern, aber weinen konnte ich nicht. Die Zeit der Trennung hatte einen riesigen Graben zwischen uns aufgerissen. Mir war die Trauerfeier auch ziemlich peinlich. Eigentlich hätte ich am Sarg stehen müssen als rechtmäßige Ehefrau, aber so versteckte ich mich in der Menge der Trauergäste. Mit dem nächsten Zug wollte ich wieder heim. Ich hätte nicht an der Kaffeetafel teilnehmen können. Wie stand ich denn da in den Augen der Leute!

Und doch wurde die Trauerfeier auch für mich bedeutsam. Dem Pfarrer war es geschenkt, auf die Probleme eines schweren Schicksals behutsam einzugehen. Er spielte sich nicht als Richter oder Ankläger auf, sondern gab als Hirte und Bote Jesu Christi Trost und Hilfe. Er war ein rechter Seelsorger, das spürte ich seinen Worten in der Predigt ab. Nach der Beerdigung lud er mich zu sich ins Pfarrhaus ein. Er müsse mir noch etwas Wichtiges sagen. Und dann hörte ich etwas, das mich zutiefst berührte. Der Pfarrer erzählte, dass ihn mein Mann kurz vor der Operation zu sich gebeten habe. In einem langen Beichtgespräch habe mein Mann sein Leben vor Gott gebracht und sich Christus ausgeliefert. Er bat darum, dass ich ihm alles vergeben möchte, denn er wäre sehr schuldig an mir geworden. Bewegten Herzens habe er Gott alle Schuld geklagt und er, der Hirte der Gemeinde, habe ihm im Namen Jesu Christi die Vergebung zusprechen können. Nun wusste ich, dass Gott meine Gebete erhört hatte und mein Mann ein Gotteskind geworden war. Das war für mich erstaunlich.

So endete ein Tag, der mit viel Kummer und Trauer begonnen hatte, im tiefen Frieden und in großer Freude vor Gott. Ich wusste, ich würde ihn im Himmel einmal wiedersehen."

So, das war die bewegende und zu Herzen gehende Geschichte, so wie sie das Leben schreibt. Ein Glück, dass mein Zug Verspätung hatte, sonst hätte ich das glückliche Ende nicht hören können. Auf meiner Heimfahrt zog ich mein Neues Testament aus der Tasche und dankte Gott mit Worten aus dem 103. Psalm:

„Lobe den Herrn, meine Seele, und was in mir ist, seinen heiligen Namen!
Lobe den Herrn, meine Seele, und vergiss nicht, was er dir Gutes getan hat;
der dir alle deine Sünden vergibt und heilet alle deine Gebrechen,
der dein Leben vom Verderben erlöst und dich krönet mit Gnade und Barmherzigkeit,
der deinen Mund fröhlich macht, und du wieder jung wirst wie ein Adler.

Der Herr schafft Gerechtigkeit und Gericht allen, die Unrecht leiden.
Er hat seine Wege Mose wissen lassen, die Kinder Israel sein Tun.
Barmherzig und gnädig ist der Herr, geduldig und von großer Güte.
Er wird nicht immer hadern noch ewiglich Zorn halten.
Er handelt nicht mit uns nach unseren Sünden und vergilt uns nicht nach unseren Missetaten.
Denn so hoch der Himmel über der Erde steht, lässt er seine Gnade walten über die, so ihn fürchten.
So ferne der Morgen ist vom Abend, lässt er unsere Übertretung von uns sein.
Wie sich ein Vater über Kinder erbarmt, so erbarmt sich der Herr über die, die ihn fürchten.
Denn er kennt, was für ein Gebilde wir sind; er gedenkt daran, dass wir Staub sind.
Ein Mensch ist in seinem Leben wie Gras, er blühet wie eine Blume auf dem Felde; wenn der Wind darübergeht, so ist sie nimmer da, und die Stätte kennet sie nicht mehr.
Die Gnade aber des Herrn währet von Ewig-

keit zu Ewigkeit über denen, die ihn fürchten, und seine Gerechtigkeit auf Kindeskind bei denen, die seinen Bund halten und gedenken an seine Gebote, dass sie danach tun."

Draußen war es schon ganz dunkel geworden. Der Mond zog seine Bahn, und vereinzelt leuchteten die Sterne am Firmament auf. Spät war es geworden, fast Mitternacht, als ich mich von Herrn Junker verabschiedete. Innerlich noch vom Gespräch bewegt, dachte ich über alles noch einmal nach. Mir wurde bewusst, wie viel Einsatz, Opfer, Verkennung, Enttäuschung es gekostet hat, sich in der Ex-DDR zu Christus bekannt zu haben.

Aber ich will Herrn Junker selber reden lassen: „Ich war gerade 14 Jahre und wollte, wie meine anderen Klassenkameraden auch, konfirmiert werden. Meine Mutter war fromm. Sie hat mit mir gebetet und mir viele biblische Geschichten erzählt. So waren mir Noahs Sintflut, Abrahams Auszug aus seinem Vaterland, Joseph und seine Brüder, König Saul und König David, Daniel in der Löwengrube und der Kampf des Hirtenjungen David mit dem Riesen Goliath vertraut. Wenn Mutter mir die Geschichte von der Stillung des Sturmes erzählte, bekam ich nasse Füße. Ich hörte, wie die Wellen brausten, sah, wie der

Sturm die Segel zerriss und die Ruder zerbrachen, ich erschrak, als die Jünger in Todesnot gerieten und laut aufschrien: ‚Herr, hilf uns, wir verderben!' Und dann hat sich mitten im Getöse der Wogen der Heiland aufgerichtet und hat laut in den See hinausgerufen: ‚Schweig und verstumme!', und es ward ganz still auf dem Meer. Mit den Taten Gottes im Alten und Neuen Testament wurde ich abends zu Bett gebracht und in der Frühe mit Luthers Morgensegen wieder geweckt. Ich war immer ein schüchternes Kind und lebte in dem kindlichen Glauben, Jesus ist mein Herr, mein Heiland, in seiner Hand kann ich sicher ruhen. Dem Tag der Konfirmation fieberte ich entgegen, es war doch mein Tag, mein großer Festtag! Aber daraus wurde nichts. Ich musste mich meinem Vater fügen. Er war zu Honeckers Zeiten Parteisekretär. Seine Aufgabe bestand darin, die Fabriken zu besuchen und die Arbeiter ideologisch zu schulen. ‚Junge', sagte er mir klipp und klar, ‚die Konfirmation kannst du vergessen. Ich lasse mir meine Karriere nicht durch fromme Gefühle verderben. Ich, der Parteisekretär, und mein Sohn, der Konfirmand, das passt zusammen wie Feuer und

Wasser. Schlag dir diese Gedanken aus dem Kopf!‘

Ich bettelte, heulte und versuchte, meinen Vater umzustimmen. ‚Ich will aber wie meine Klassenkameraden konfirmiert werden!‘, verfiel ich schließlich in Trotz, als Bitten und Betteln nichts halfen. ‚Alle meine Freunde, Udo, Jens, Matthias und Jan werden am Altar eingesegnet, und ich soll davon ausgeschlossen bleiben?! Papa, das geht nicht, so kannst du nicht mit mir umgehen! Ist denn die Konfirmation etwas Schlechtes? Der Glaube ist doch nicht verboten! Mutter ist doch auch dafür, dass ich eingesegnet werde, sie steht auf meiner Seite.‘

Mit so viel Aufbegehren hatte mein Vater nicht gerechnet. Schließlich schlug er mir einen Kompromiss vor: ‚Gerold, wenn du erst zur Jugendweihe gehst, kannst du ja ein Jahr später auch konfirmiert werden. Aber häng meinen Vorschlag nicht an die große Glocke!‘

Schweren Herzens willigte ich schließlich ein. Was wäre mir auch anderes übriggeblieben? Ich war enttäuscht, dass ich nicht zusammen mit meinen Klassenkameraden am Altar stehen durfte, aber im Jahr darauf dürfte ich konfirmiert werden. Dieser Gedanke tröstete mich.

So ließ ich die Jugendweihe über mich ergehen. Die Geschenke, die ich von Verwandten und Freunden meiner Eltern erhielt, befreiten mich ein bisschen aus der trüben Stimmung. Danach meldete ich mich bei unserem Pfarrer zum Konfirmandenunterricht an. Das folgende Jahr verging wie im Flug. Im Mai sollte dann mein großer Tag endlich kommen. Wie freute ich mich darauf! Regelmäßig hatte ich den kirchlichen Unterricht besucht, und der Pfarrer verstand mich sehr gut mit meinen Problemen. Er war mir wie ein Vater geworden, und das tat mir besonders wohl, weil gerade in dieser Zeit mein Vater uns verlassen hatte. Er zog zu seiner Freundin. Am meisten war meine Mutter bekümmert. Sie hat sehr gelitten, und manchmal hörte ich, wie sie in ihrem Schlafzimmer weinte. In ihrem Schmerz war sie untröstlich.

Eines Tages, kurz bevor mein großes Ereignis stattfinden sollte, kam mein Vater zu uns nach Hause. Zwei seiner Vorgesetzten begleiteten ihn. Es folgte eine lange Unterredung. Sie trommelten mit ihren Parolen auf mich ein und legten mir nahe, von einer Konfirmierung Abstand zu nehmen. ‚Junge, denk daran, dein Vater ist in der Partei. Das kannst du ihm nicht antun! Gerade noch rechtzeitig haben wir im Kirchenblatt die Namen der Konfirmanden gelesen und dabei auch dich entdeckt. Dein Vater kann durch deine Dickköpfigkeit seine Stellung verlieren. Du bist so ein netter, begabter Junge. Die Christen haben in unserem Staat doch keine Zukunft. Schlag dich auf unsere Seite, wir geben dir eine Chance und fördern dich.' Fast zwei Stunden redeten sie auf mich ein. Ich war ja erst fünfzehn Jahre und nicht so wortgewandt wie die hohen Herren aus der Partei. Am meisten hat es mich geschmerzt, dass Vater dabeisaß und kein Wort zu meiner Verteidigung sagte. Hatte er unsere Abmachung vergessen: erst Jugendweihe und dann Konfirmation? Er stand auf der Seite meiner Verkläger, und das hat mich tief verletzt. Schließlich gab ich nach. Diesen Konflikt, am beruflichen Abstieg meines Vaters schuld zu sein, konnte ich nicht durchstehen.

Mein Vater und seine zwei Begleiter verließen erhobenen Hauptes unser Haus. Sie hatten ihr Ziel erreicht, ich aber saß da wie ein Häufchen Elend, weinte und war niedergeschlagen.

Der 19. Mai wurde für mich zu einem rabenschwarzen Tag. Mein Stuhl am Altar blieb leer. Während die anderen Konfirmanden eingesegnet wurden, saß ich in der hintersten Bank und wischte mir die Tränen von den Wangen. Ich habe sehr unter diesen schrecklichen Erlebnissen gelitten. Immer scheuer wurde ich. Ich machte mir Gewissensbisse und verglich mich mit Judas, der seinen Herrn verraten hatte. Ja, ich war ein Judas. Dieser Gedanke ließ mich nicht zur Ruhe kommen. So konnte ich mein junges Leben nicht durchhalten. Quälende Schuldgefühle raubten mir den Nachtschlaf. Ich überlegte mir einen Ausweg und beschloss, mich heimlich konfirmieren zu lassen. Ich sprach mit unserem Pfarrer und weihte meine Mutter und meinen älteren Bruder ein. Meiner jüngeren Schwester verschwieg ich mein Vorhaben, sie hätte mich mit ihrer Schwatzhaftigkeit verraten können.

An einem Werktag fand meine Einsegnung statt. Es war ein stürmischer, hässlicher Tag. Wolkenbruchartige Regenfälle setzten die

Straßen unter Wasser. Keinen Hund jagt man bei solch schaurigem Wetter vor die Tür.

Ich kam abends von der Baustelle, wo ich als Lehrling arbeitete, wusch mich und kämmte mir das Haar. ‚Willst du noch mal ausgehen? Wartet etwa ein Mädchen auf dich? Du musst wohl verrückt sein. Es regnet Bindfäden vom Himmel, und du willst fort?‘, hielt mir meine Schwester entgegen.

Ich schwieg und verließ das Haus. Meinen Konfirmationsanzug hatte mein Bruder schon heimlich zu meiner Oma geschafft. Meine Mutter war schon eine halbe Stunde zuvor ins Nachbarkirchspiel aufgebrochen, denn wir wollten kein Aufsehen erregen. Ich war bis auf die Haut durchnässt, als ich beim Pfarrer ankam. Sogar der Himmel schien sich gegen mich zu verschwören, und es war mir zumute, als ob mich tausend Stricke zurückziehen wollten. ‚Entweder jetzt oder nie!‘, sprach ich mir Mut zu. Ich wollte konfirmiert werden und mein Gelöbnis, Jesus in Treue nachzufolgen, ablegen. Meine Mutter begleitete mich auf diesem Weg, so fühlte ich mich doch nicht so allein. Am Altar kniete ich nieder, und der Pfarrer segnete mich ein. Fortan war ich bereit, mein Leben unter die Führung Jesu zu stellen. Mein Konfirmationsspruch war mir eine große Ermutigung: ‚Es sollen wohl Berge weichen und Hügel hinfallen, aber meine Gnade soll nicht von dir weichen, und der Bund des Friedens nicht hinfallen, spricht der Herr!'

Gerade in den krisenhaften Zeiten, wenn ich Gott aus der Schule laufen wollte, hat mich dieses Wort gehalten. Immer wieder erlebte ich Gottes große Freundlichkeit. Ich staune, dass mein Herr mich nie aus den Augen verloren hat. Manchmal war ich ganz am Ende, wusste nicht, wie es in unserer Familie weitergehen sollte. Mein Vater ließ sich von meiner Mutter scheiden und hat auch den Kontakt zu uns Kindern abgebrochen. Darüber wurde Mutter schwermütig. Ich war plötzlich für meine jüngere Schwester und für meine Mutter verantwortlich, aber diese Last schien mir zu schwer zu sein. Ich fühlte mich total überfordert. Und doch war Gott bei mir. Ich hielt durch, kümmerte mich um meine Schwester – mein älterer Bruder hatte schon geheiratet – und sorgte, dass Haus und Garten in Ordnung blieben. Das größte Problem war meine kranke Mutter. Ich wusste, sie brauchte dringend ärztliche Hilfe, vielleicht

auch einen stationären Aufenthalt in einer Nervenklinik. Aber dies war für mich eine kaum zu lösende Aufgabe. Ich hatte keine Ahnung, an wen ich mich hätte wenden sollen. Wer würde eine Kur bezahlen? Ich war ja noch so jung mit meinen sechzehn Jahren. Aber die Liebe zu meiner Mutter setzte mich in Bewegung. Auf Umwegen erreichte ich mein Ziel, aber ich geriet auch an die Grenzen meiner nervlichen Belastbarkeit. In der angespannten Zeit flatterte ein Brief meines Vaters zu uns ins Haus. Es waren nur wenige Worte, aber sie ließen mich spüren, dass er sich um mich sorgte. Ich kann gar nicht sagen, wie wohl mir diese wenigen Zeilen taten. Ich nahm Kontakt zu ihm auf. Regelmäßig besuchte ich ihn. Kurze Zeit später erkrankte er an Krebs. Ich empfand es als meine Pflicht, ihn auf seinem langen Sterbelager zu begleiten. Er sagte mir immer wieder, wie dankbar er für meine Liebe sei. Wir söhnten uns auch aus. Wenn der Tod in das Leben eines Menschen tritt, dann wird das Kleine klein und das Große groß. So durfte ich in meinem Leben die Spur Gottes, erkennen und möchte ihm weiter nachfolgen."
So weit der Bericht.

Mir blieb nur der Dank Gott gegenüber, der einen jungen Menschen stark gemacht hat, in seine Nachfolge zu treten. So mündete unser Gespräch in einen Lobpreis über unseren Herrn ein, als wir niederknieten und beteten. Ganz neu begriff ich auch etwas von den Anfechtungen, die junge Christen in der Zeit des DDR-Regimes durchzustehen hatten, und ich gewann Achtung vor solchem Mut zum Leiden.

Wie Alt und Jung miteinander leben können

Vor einiger Zeit fuhr ich im Zug nach Süddeutschland. In einem Seminar sollte ich zum Thema „Konfliktbewältigung in der Familie" sprechen. Ich hatte tagelang an diesem Referat gearbeitet, bis ich es unter Dach und Fach hatte. So lehnte ich mich in die Kissen zurück, um mich für meine Aufgabe auszuruhen.

Mit mir fuhren noch zwei Frauen, und sie kamen auch gleich in ein reges Gespräch. Es ging um das Generationsproblem.

„Ich komme gerade von meinen Kindern", begann die Jüngere von beiden.

„Und ich will gerade zu meinen Kindern", berichtete die andere. „Morgen werde ich nämlich siebzig, und der Geburtstag soll in Karlsruhe bei meinem Sohn gefeiert werden. Mir graut aber schon vor dem Fest, und ich habe mir Tabletten kaufen müssen, Beruhigungspillen, damit ich den Tag überhaupt durchstehen kann. Sie müssen wissen, mit meiner Schwiegertochter liege ich im Streit. Ich kann sie einfach nicht ausstehen. Ach, wie konnte sie nur in unsere traute Zweisamkeit eindringen und mir meinen einzigen Sohn wegschnappen. Nie werde ich ihr das verzeihen. Mit Kurt Erich habe ich mich immer gut verstanden und bestens für ihn gesorgt. Und nun kommt dieses Weibsstück einfach daher und nimmt mir meinen Sohn.

In Karlsruhe bleibe ich auch nur eine Nacht. Morgen nach dem Abendbrot fahre ich sofort wieder heim. Mein Sohn hat mich zwar eingeladen, ich könnte vierzehn Tage bei ihm Urlaub machen, er habe neu gebaut und für mich ein Appartement eingerichtet, aber das kommt für mich nicht in Frage, es kocht in mir, wenn ich sehe, dass mein Sohn in den Armen dieser Frau liegt.

Wie habe ich mich abgerackert und abgeschuftet. Manchmal habe ich die halbe Nacht genäht und mir die Finger blutig gestochen, um uns den Lebensunterhalt zu sichern. Das bisschen Kriegerwitwenrente hätte nie und nimmer gereicht, um meinen Sohn studieren zu lassen. Und was habe ich jetzt davon? Er lebt mit seiner Frau in Karlsruhe, und ich bin allein übrig geblieben. Ich glaube, ich muss schon mal eine Valiumtablette schlucken", und bei diesen Worten holte sie die Pillen aus ihrem Handtäschchen. „Der Gedanke an diese Frau macht mich noch ganz krank."

„Na", griff die andere Frau in das Gespräch ein, „da haben Sie es aber noch sehr gut erwischt, da geht es mir viel schlechter. Ich komme gerade von unserer Ältesten. Aber ich war nicht eingeladen. Auf eigene Faust bin ich dorthin gefahren, weil ich solche Sehnsucht nach meinen Enkelkindern hatte. In einer Pension habe ich mich eingemietet, denn in das Haus meiner Tochter durfte ich nicht kommen, das hat mir der Schwiegersohn verwehrt. Er hätte mich hinausgeworfen, so rabiat ist er. Ich habe mich heimlich mit meinen Enkelkindern getroffen, wenn ihr Vater auf der Arbeit war.

Das ganze Übel ist durch eine Erbauseinandersetzung gekommen. ‚Ich will die Alte nie wieder sehen', hat er mir gedroht, ‚sonst könnte etwas Schreckliches passieren.' Gewiss, es war nicht recht, dass mein Mann die Firma und das sonstige Vermögen dem Sohn überschrieben hat und die Tochter fast leer ausging. Nach dem Tode meines Mannes hat sich ein tiefer Graben aufgetan. Ich habe nicht nur meinen Mann, sondern auch meine Tochter, den Schwiegersohn und die Enkelkinder verloren. – ‚War das denn nun nötig?‘ frage ich mich in stillen Stunden.“

So weit die Gespräche meiner beiden Reisebegleiterinnen. Sie wurden so laut geführt, dass ich alles mitanhören musste, und ich spürte, wie sehr die Frauen litten, ja vergrämt und verbittert waren.

„Na“, versuchten sie mich in ihre Unterredung miteinzubeziehen. „Sie scheinen solche Probleme nicht zu kennen, sonst säßen Sie nicht so ruhig da und dösten vor sich hin.“

„So ganz unbekannt sind mir solche Konflikte nicht. Aber meist ist es so, dass ich Vorträge darüber halten muss. Ich fahre gerade zu einem Seminar und muss einen Vortrag halten über das Thema ‚Konfliktbewältigung in der Familie‘. Die ganze Mühe meiner Vorbereitungen hätte ich mir sparen können. Sie haben mir so viel Stoff zu diesem Thema geliefert, daraus kann man gut und gerne zwei Referate zusammenstellen.“

Behutsam ging ich auf die Nöte dieser beiden Frauen ein.

„Wissen Sie“, sagte ich zu der Dame, die ihren siebzigsten Geburtstag feiern wollte, „Kinder sind nie unser Eigen, sie sind nur anvertrautes Gut für eine gewisse Zeit. Sie sollten Ihren Sohn loslassen und in der Schwiegertochter ein besonderes Geschenk sehen. Auf diese Weise gewinnen Sie Ihren Sohn zurück und haben darüber hinaus noch eine Tochter."

Es war ein langes Gespräch, das wir zusammen im Zug führten. Mir wurde bedeutsam: Wer seine Schwiegerkinder nicht in die Liebesbeziehung einschließt, läuft Gefahr, auch das eigene Kind, den Sohn oder die Tochter, zu verlieren.

Echte Elternliebe lässt die Kinder am langen Seil laufen, wenn sie erwachsen geworden sind, hat das Wohl der Kinder im Auge, freut sich am Glück der jungen Familie und erreicht damit, dass Kinder, Schwiegerkinder und Enkelkinder in großer Dankbarkeit und Liebe von ihren Eltern sprechen und sich zu ihnen hingezogen fühlen.

Das Wort im Neuen Testament weist uns auf eine göttliche Ordnung hin: Also wird ein Mann Vater und Mutter verlassen und seiner Frau anhangen.

An der Stelle wird oft falsch gehandelt. Manches Leid in den Familien ist selbstverschuldet und schmerzt dann umso mehr.

Ich erinnere mich an die erste Zeit in meiner Ehe. Ich hatte auch den einzigen Sohn einer Mutter geheiratet, die ihren Jungen sehr liebte. Sie war es gewohnt, abends, wenn ihr Student von den Vorlesungen nach Hause kam, ihm noch ein Glas Tee zu kochen. Manchmal stellte sie belegte Brote hin oder hatte für ihn einen Frankfurter Kranz oder eine Schwarzwälder Kirschtorte gebacken. Und so ließen sie den Abend in einem langen Gespräch bis meist nach Mitternacht ausklingen. Und nun war ich junges Ding in die traute Zweisamkeit geplatzt, und meine Schwiegermutter hoffte das Teestündchen am Abend hinüberretten zu können. So passierte es immer häufiger, dass sie zu uns heraufrief – wir wohnten unter einem Dach –: „Karl Heinz, komm doch bitte mal zu mir herunter, wir müssen noch etwas sehr Wichtiges besprechen!"

Mein Mann ging die Treppe hinunter und kam nicht wieder herauf. Ich lag in meinem Bett, wartete eine Stunde, dann zwei, schließlich wurde ich ärgerlich, denn es war nun schon so oft vorgekommen, dass Mutter gerade zu nachtschlafender Zeit mit ihrem Sohn etwas zu besprechen hatte. Als mein Mann dann nach Mitternacht bei mir erschien, explodierte ich. Näher will ich dies gar nicht ausführen. Es fielen hässliche und verletzende Worte. Mein Mann legte sich ins Bett und sagte keinen einzigen Ton mehr. Das vergrößerte meinen Zorn noch, weil mein Reden ihn anscheinend nicht erreichte. Es war, als spräche ich gegen eine Wand. Ein, zwei Stunden lagen wir nebeneinander. Schließlich hielt ich es nicht länger aus, zupfte meinen Mann am Ärmel und redete auf ihn ein: „Karl Heinz, wir wollen Christen sein und schweigen uns so an! Lass uns miteinander reden, wir wollen doch wieder gut zueinander sein!"

Und dann haben wir bis in den grauenden Morgen hinein über unsere Probleme gesprochen. Mitten in unser Gespräch fiel ein Wort, es war wesentlich und hilfreich: Vertrauen!

Unser Miteinander sollte vom gegenseitigen Vertrauen getragen sein. Wir wollten uns nicht durch trotziges Schweigen verletzen und uns Wunden schlagen. Vielmehr wollten wir im befreienden Gespräch unsere Nöte aufarbeiten. Es war mir wichtig: Mein Mann und ich, wir gehören untrennbar zusammen. In unsere Beziehung hat kein Außenstehender etwas hineinzureden. Es war mir aber genauso wichtig, dass unsere Mutter in unsere Liebesverbindung eingeschlossen wird.

Gewiss, solche Entschlüsse lassen sich nicht von heute auf morgen in die Tat umsetzen. Es gab ein Auf und Ab, Siege, aber auch Niederlagen. Einmal hat mir ein Pfarrer geraten, den ich um ein seelsorgerliches Gespräch bat: „Beten Sie jeden Tag für Ihre Schwiegermutter, das wird Ihre Beziehung zueinander verbessern, ja heilen." Ehrlicherweise muss ich eizugeben, dass ich in dieser Zeit lieber für einen Eskimo in Grönland oder für einen Indianer in Südamerika gebetet hätte als für meine Schwiegermutter. Aber ich wollte Gott gehorchen und befolgte den Rat. Unser Verhältnis hat sich mit der Zeit entspannt. Als sie sehr gebrechlich wurde, nahmen wir sie zu uns. Im 93. Lebensjahr hat Gott sie aus dieser Zeit in die Ewigkeit abberufen.

Heute bin ich selbst Schwiegermutter und bin in den gleichen Fehler verfallen wie sie. Unser ältester Sohn machte sein zweites theologisches Examen, heiratete, wurde ordiniert und fuhr in seine neue Gemeinde, um sie kennenzulernen. Am liebsten wäre ich gleich mit ins Auto gestiegen. Ich wollte doch wissen, wo er nun seinen Arbeitsplatz haben würde. Aber da nahm ich mich noch zurück. Doch als er am Abend mit einem Plan seiner neuen Wohnung zurückkam, da war ich in meinem Element. „Gottfried, das große Zimmer macht ihr zu eurem Wohnzimmer, das kleine kann sich Elisabeth als Arbeitszimmer einrichten, in der Küche stellt ihr den Kühlschrank unters Fenster und den Herd neben die Spüle. Und dann gebe ich euch noch unsere Eckbank mit und den braunen Schrank, und wenn ihr wollt, könnt ihr noch meine alten Gardinen haben."

In einiger Entfernung stand unsere Schwiegertochter. Ihr Gesicht wurde immer länger und bekümmerter. Plötzlich kam Gottfried auf mich zu, umarmte mich und sagte: „Du bist die beste Mutter der Welt! Du redest uns überhaupt nicht drein, aber für jedes Problem hast du mindestens drei Lösungen parat."

An dem Tag habe ich mir geschworen, zu schweigen und nochmals zu schweigen, und das fällt einer Rednerin, wie ich es bin, wirklich nicht leicht, wie sich jeder bestimmt vorstellen kann. Mir wurde klar: Wenn erst mal Sand in das Getriebe unserer Beziehungen kommt, ist es sehr schwer, wieder zueinanderzufinden.

Ich denke, dass ich das Schweigen gut eingeübt habe, denn ich habe sowohl zur Schwiegertochter als auch zum Schwiegersohn ein herzliches Verhältnis.

Einmal war ich sehr schwer erkrankt. Ich litt unter Kreislaufbeschwerden und Atemnot. Die ganze Nacht saß mein Mann an meinem Bett, weil kein Arzt herbeizukriegen war. Das erzählte ich unserer Schwiegertochter: „Elisabeth, es ist mir wirklich elend ergangen. Ich habe schon gedacht, ich müsse sterben."

Da schaute sie mich ganz entsetzt an: „Mutter, warum hast du mich nicht angerufen, ich wäre sofort gekommen."

„Elisabeth, ihr wohnt über hundert Kilometer entfernt, wie hätte ich dich da anrufen sollen. Der Weg ist doch viel zu weit."

„Mutter, tu mir dies nicht noch einmal an. Wenn es dir schlecht geht, dann komme ich."

Im Nachhinein musste ich denken: Vielleicht war es doch gut, dass ich sie nicht herbeigeholt habe. Unsere Schwiegertochter arbeitete in einer chirurgischen Klinik, und da weiß ich nicht, ob ich heute noch so vollständig wäre. Sie operiert schrecklich gern und hält das Messer fest im Griff. Sie stammt aus einer Metzgerfamilie.

Und doch hat mich ihre Reaktion gefreut. Sie ist ein Zeichen für das gute Miteinander zwischen Alt und Jung. Meine Lektion habe ich wohl gelernt.

Unser Geschenktipp für Sie

Ein Blumenstrauß voll Leben
Das Hörbuch
gelesen von der Autorin persönlich

ISBN 978-3-86827-070-9
CD, 69 Min. Laufzeit

Weitere Bücher von Lotte Bormuth

Ich habe immer an meine Rettung geglaubt
Wahre Geschichten
ISBN 978-3-86827-069-3
256 Seiten, gebunden

Aus dem Inhalt:
Heute ist nicht mein Tag – oder doch? Über drei Wochen bin ich schon krank und fühle mich elend. „O Gott", denke ich, „lass doch diesen missmutigen Tag nur schnell vorübergehen und bewahre mich davor, dass ich meinen Mann mit meiner üblen Stimmung beschwere."
Dann klingelt das Telefon. „Frau Bormuth, ich habe mir zwei Ihrer Bücher gekauft und bis in die Nacht hinein gelesen. Sie sind mir im Glauben ein rechtes Vorbild. Wie vielen Menschen haben Sie schon geholfen ..."
Es ist ein langes, intensives Gespräch an diesem Morgen. Gott schenkt mir Weisheit und tröstende, ermutigende Worte.
„Sie werden gebraucht", hat die Anruferin zu mir gesagt. Das ist eine wunderbare Ermutigung.

Was mich hoffen lässt
ISBN 978-3-86122-802-5
128 Seiten, gebunden

„Wenn Gott seinen Rettungsplan in Gang setzt, dann ist er vollkommen. Egal wie übel uns das Schicksal mitgespielt hat, wir sollen leben, heil werden, schön und stattlich werden …“

Lotte Bormuth ist in ihrem Leben schon vielen Menschen begegnet, die gerettet worden sind – manche geradezu triumphal, manche „wie durch's Feuer hindurch“, denn nicht jede Not löst sich einfach in Wohlgefallen auf.

In all diesen Schicksalen ist etwas Besonderes zu entdecken: Egal, wie groß der Teppich des Lebens geknüpft wurde – ist er fertig, dann erkennt man die Goldfäden der Liebe Gottes, die er unablässig hineingewoben hat. Seine Goldfäden sind es, die ein Leben wertvoll machen. In den Lebensbildern dieses Buches hat die bekannte Autorin sie eindrucksvoll freigelegt.

Die Geschichte einer Flucht
ISBN 978-3-86122-995-7
96 Seiten, kartoniert

„Bin ich nicht ein Glückskind, dass ich in Ostpreußen, in diesem schönen Land, geboren wurde? Metgethen im Kreis Königsberg ist meine Heimat. Königsberg war unsere Hauptstadt, berühmt durch die vielen historischen Gebäude. Wenn die Eltern ins Gespräch über die Heimat kamen, dann gerieten sie ins Schwärmen und waren des Rühmens voll. Leider ist von der historischen Pracht kaum etwas übrig geblieben."
Wie es zuging, als die schönen Städte Ostpreußens in Schutt und Asche versanken, das schildert Lotte Bormuth in dem packenden Lebensbild der Ursula Hirsch. Eine tapere Frau, die den langen Treck aus dem Osten erlebt und erlitten hat. So traurig ihr Leben begann, als sie aus ihrem Paradies vertrieben wurde, dem Land der Seen und Wälder, so tröstlich ist es zu lesen, welch wunderbare Heimat ihr Herz schließlich gefunden hat:
Das Reich Gottes.

Glück ist ein Geschenk des Himmels
Geschichten aus meinem Leben
ISBN 978-3-86122-996-4
112 Seiten, kartoniert

Lotte Bormuths Leben kennt viele kleine und große Höhepunkte. So viele, dass ihr manchmal ist, als lasse der Himmel Segenstropfen regnen. Da gibt es die dicken Tropfen, die den Weizen des Lebens wachsen lassen. Wie das Frühstückstreffen, das nur wenige Frauen anzog, dann aber zu einem Durchbruch in der Gemeinde führte. Da gibt es den Nieselregen mit den zahllosen Tröpfchen der alltäglichen Segnungen. Das kann ein Baum mit ungewöhnlich großen Früchten sein, der der kleinen Lotte einst den Korb im Handumdrehen füllte. Und da gibt es die Regentropfen mit dem Salzgehalt von Tränen, die Gott schickt, um uns immer wieder an sein Vaterherz zurückzulocken. Eines machen alle Erlebnisse deutlich: Glück ist ein Geschenk des Himmels.

Leben im Aufwind
ISBN 978-3-86122-959-9
144 Seiten, kartoniert

Unter einem Pseudonym zu veröffentlichen, würde Lotte Bormuth nie einfallen, so manches Buch verrät sogar ihre Adresse. Dementsprechend überwältigend fallen die Reaktionen aus ihrem Leserkreis aus. Einige der ergreifenden, im Laufe der Jahre bei ihr eingegangenen Briefe finden Sie in diesem Buch, zusammen mit persönlichen Erlebnissen der Autorin.
So wächst ein Erfahrungsschatz des Volkes Gottes in unserer Zeit, ein Lesealbum vom Wirken eines liebevollen Schöpfers, der seine Menschen mit Gutem segnet und durch Schweres tragen will. Lotte Bormuth hilft uns zu begreifen, was das heißt: „Keinem von uns ist Gott fern."

Und doch lacht mir die Sonne
Aus meinem Leben Teil 1
ISBN 978-3-86122-733-5
136 Seiten, gebunden

Gewinnen Sie Einblick in das bewegte Leben einer Schriftstellerin, deren Bücher die Gesamtauflage von 500.000 Exemplaren überschritten haben. In diesem Buch spannt sich der Bogen von der Kindheit in Bessarabien, dem heutigen Moldawien, über die dramatische Flucht im Krieg bis hin zu einem Neuanfang und schließlich ihrer Eheschließung im Westen Deutschlands. Und wie immer schafft es Lotte Bormuth, dass der Leser intensiv Anteil nehmen kann an dem Geschehen in schwerer Zeit, an den abenteuerlichen und den heiteren Begebenheiten und an den Menschenschicksalen, die ihr auf den Stationen ihres reichen Lebens begegneten.

Meines Lebens bunte Blätter
Aus meinem Leben Teil 2
ISBN 978-3-86122-734-2
208 Seiten, gebunden

Der zweite Teil von Lotte Bormuths Erinnerungen setzt ein mit der Geburt ihres ersten Kindes in den fünfziger Jahren. Sie lässt uns teilhaben an den wichtigen und heiteren, aber auch den schweren Ereignissen ihres bewegten Lebens. Hautnah vermittelt sie uns das Lebensgefühl eines Volkes zwischen Wiederaufbau, Wirtschaftswunder und Wiedervereinigung.
Viel wichtiger als die bundesdeutsche Geschichte aber ist ihr die Heilsgeschichte. Nahezu jede Geschichte lenkt unseren Blick weit über ihre bessarabische und hessische Heimat hinaus in unsere ewige Heimat, die Herrlichkeit Gottes. Denn sie hat nur gute Erfahrungen gemacht mit der Bitte: Jesu, geh voran auf der Lebensbahn ...

Eine weitere Biografie

Mechthild Puhlmann
Himmelsschlüssel
Margarete Neitzel – ein Leben zwischen Pommern und Paris
Mit Originalfotos
ISBN 978-3-86827-074-7
288 Seiten, mit ausführlichem Bildteil, Paperback

Das Bilderbuch eines wundersamen und aufregenden Lebens.
Enge und Weite sind die Pole, zwischen denen Margarete Neitzels Weg verläuft. Vom Gutshof der Großeltern in Hinterpommern, der unbeschwerten Kindheit in der Weimarer Republik, bis in die Fesseln nationalsozialistischer Organisationen. Von der unbeschwerten Zeit in Paris unter den Gewitterwolken des Krieges bis zu den Gewissenskämpfen einer Weltenbummlerin, die sich nach Liebe und Geborgenheit sehnt.
Mechthild Puhlmann zeichnet das beeindruckende Bild einer interessanten Frau, die es sich nie leicht gemacht hat, Glauben und Menschsein zu vereinen, ihre Gottesbeziehung aber umso leidenschaftlicher lebt.

Mit einem Nachwort von Roland Werner.